中国民族博物馆
东北亚驯鹿民族文化卷

《中国少数民族文物图典》

编委会

主　　编／陈　丹

执行主编／们发延

编　　委／（按姓氏笔画排列）

王　军	王　颜	王红光	丘　刚	田海霞	白劲松	石　俊	刘卫国
曲　珍	朱良津	朱联根	达　珍	吴伟峰	张志文	张海洋	张铭心
李　彤	李华权	李进增	李学良	杨正文	陈永耘	陈维他	罗吉华
郑　茜	俄　军	赵学东	钟仕民	钟兴奎	陶　颖	塔　拉	普布卓玛
蒋昌宁	覃诗翠	谢沫华	雍继荣	戴宗品	魏　瑾		

《中国少数民族文物图典·中国民族博物馆东北亚驯鹿民族文化卷》

编委会

主　　任／顾　群

副 主 任／张志文　郑　茜

成　　员／李金希　钟福荣　李德涛　张学军　蒲天彪　覃代伦　岳小莉　薛立丹
　　　　　白　英　翟跃飞

主　　编／郑　茜

副 主 编／唐兰冬

执行主编／白　英

图录撰写／周玉州

摄　　影／胡林平　白　英

国家出版基金项目
NATIONAL PUBLICATION FOUNDATION
"十二五"国家重点图书出版规划项目

中国少数民族文物图典

中国民族博物馆
东北亚驯鹿民族文化卷

中国民族博物馆 编

辽宁民族出版社

© 中国民族博物馆 2016

图书在版编目（CIP）数据

中国少数民族文物图典. 中国民族博物馆东北亚驯鹿民族文化卷 / 中国民族博物馆编. —沈阳：辽宁民族出版社，2016.5
ISBN 978-7-5497-1336-3

Ⅰ. ①中… Ⅱ. ①中… Ⅲ. ①少数民族—历史文物—中国—图集 Ⅳ. ①K874.02

中国版本图书馆CIP数据核字（2016）第116371号

中国少数民族文物图典. 中国民族博物馆东北亚驯鹿民族文化卷
ZHONGGUO SHAOSHU MINZU WENWU TUDIAN. ZHONGGUO MINZU BOWUGUAN DONGBEIYA XUNLU MINZU WENHUAJUAN

出版发行者：	辽宁民族出版社
地　　　址：	沈阳市和平区十一纬路25号　邮编：110003
印　刷　者：	辽宁新华印务有限公司
幅面尺寸：	210mm×285mm
印　　张：	15
字　　数：	100千字
印　　数：	1—1000
出版时间：	2016年5月第1版
印刷时间：	2016年5月第1次印刷
责任编辑：	金顺玉
封面设计：	杜　江
责任校对：	洪傲松

标准书号：ISBN 978-7-5497-1336-3
定　　价：300.00元

法律顾问：陈　光	举报电话：024-23284336
版权专有　侵权必究	邮购电话：024-23284335
如有印装质量问题，请与出版社联系调换	联系电话：024-23284340
网　　址：www.lnmzcbs.com	淘宝网店：lnmz2013.taobao.com

中国民族博物馆东北亚驯鹿民族文化卷

总序

民族文物是各民族历史和文明的载体，是伴随着各民族形成和发展的历史过程留存的民族文化遗产，是探索和研究人类社会发展的重要资料，也是进行民族优秀传统教育、爱国主义教育、民族团结教育的珍贵教材。

民族文物有广义和狭义之分。从广义而言，从民族产生以来人类留下的有历史、艺术和科学价值的遗物、遗迹等实物资料皆为民族文物，其中包括考古发掘品、传世文物和近现代民族文物。从狭义而言，民族文物则主要指近现代各民族所使用的具有民族特点的实物资料，包括各民族的传统生产生活用品、服饰佩饰、宗教用品、工艺美术品等。

从历史的纵向来看，民族文物可分为古代民族文物和近现代民族文物两部分。古代民族文物是指我国古代各民族人民创造的物质文化和精神文化的历史遗物、遗迹等实物资料。近现代民族文物是指近代以来，各民族在社会生产活动中遗留下来的具有民族特色和历史、艺术、科学价值的遗迹和遗物。

从历史的横向分析，民族文物可分为可移动民族文物和不可移动民族文物。可移动的民族文物是指各民族创造的具有本民族风格和特点的，反映其社会制度、社会生产、社会生活的各种器物，如生产工具、生活用品、工艺美术品、服饰佩饰等。不可移动的民族文物是指不可或不宜整体移动，特别是无法与其周围环境一块儿移动的民族文物。不可移动的民族文物主要有具有民族历史、民族风格和民族文化特色的各类遗址和建筑物，如城址、寺庙、石刻、楼阁、亭桥、作坊、民居、村舍、娱乐场所等。

就存在的形式而言，民族文物又包括有形民族文物和无形民族文物两种。有形民族文物以物化的形式存在，简单而言就是指各民族的物质文化，即各民族创造的具有民族特色和历史、艺术、科学价值的实物。目前，在全国各地的民族博物馆里收藏和展出的民族文物大多数是有形民族文物。无形民族文物主要是指各民族的传统习俗活动，它基本属于精神文化范畴。虽然有些无形民族文物可以通过物化的形式表现出来，但是这种表现形式是不全面的。无形民族文物有许多自己的表现形式，如富有民族特色的音乐、舞蹈、口头文学、传统体育、婚恋习俗、礼仪庆典、民族工艺、生产技能、语言文字、图画符号等。此外，民族文物还有着民族性、地域性、物质性、精神性、不可再生和不可替代性、价格的客观性、民族文物作用的永续性等基本特点。

民族文物是各民族的宝贵文化遗产，是中华民族文化的重要组成部分。我国民族文物的征集和保护工作始于20世纪二三十年代，当时正值中国民族学学科的创立时期，一批学者深入到民族地区进行田野调查，开始了民族文物的征集工作。新中国成立以来，在各级党委和政府的重视下，经过几代文物、民族、博物馆等工作者的共同努力，许多珍贵的民族文物得到了初步抢救征集和收藏保护。

党的十一届三中全会以后，民族文物工作逐步走上了正确的轨道。1984年，国家民委和文化部文物局联合召开了全国少数民族文物工作会议，与会代表向全国发出了关于抓紧抢救和保护民族文物的呼吁书。此后，各级党委、政府加强了领导，积极关心和支持民族文物工作。有条件的地方已修建了民族博物馆，对本地区民族文物开展了一系列的普查、保护和征集工作，一大批珍贵的民族文物得到了及时抢救，馆藏民族文物数量迅速增加。如：海南民族博物馆征集收藏民族文物近3万件（套）；云南民族博物馆现有云南26个民族的各类文物4万余件（套）；广西民族博物馆征集收藏广西各民族文物3万余件（套）；贵州民族博物馆征集收藏贵州各民族文物1万余件（套）。另外，成立于1959年的民族文化宫博物馆，收藏了近5万件（套）各民族文物精品。1998年，国家民委和国家文物局又联合在广西召开了"全国少数民族文物工作会议"。会议总结了改革开放以来民族文物工作取得的成就，对民族文物的进一步抢救征集、收藏保护工作提出了很好的意见，使民族文物工作进入了一个崭新的历史阶段。

作为民族文物收藏保管、展览宣传和研究利用的场所，民族博物馆越来越受到国家和地方各级政府的重视。近年来，民族博物馆在数量和规模方面都有了显著增长，我国已有民族博物馆近400座。目前，我国20余个少数民族已经拥有自己的博物馆；少数民族聚居的西部12个省区，拥有500余座博物馆；30个民族自治州，120个自治县大部分都建有民族博物馆。近年来，又出现了一批独具特色的市县级民族博物馆。此外，许多民族乡镇也建立了文物陈列室。据不完全统计，当前我国各级各类民族博物馆馆藏民族文物近50万件（套），数量可观。

为了总结、宣传和展示民族文物收藏、保护工作成就，弘扬各民族优秀文化，促进民族文物博物馆界的交流与合作，中国博物馆协会民族博物馆专业委员会和辽宁民族出版社合作，共同推出《中国少数民族文物图典》系列丛书。此套丛书已列入"十二五"国家重点图书出版规划项目，获国家出版基金资助。

随着改革开放的深入和现代化进程的加快，科技与经济进步所带来的人们的观念、生活方式等的深刻变化，民族文物既面临得到收藏、保护、研究、展示和合理利用的良好机遇，也面临有史以来最强劲冲击的挑战，许多具有历史、科学和艺术价值的近现代少数民族建筑得到国家和社会的保护，也有不少濒临毁灭。许多数年前、数十年前一些民族使用的生产工具、生活用品正在迅速消失而未能及时征集保存；许多具有艺术价值和鲜明民族特色的工艺品大量流失。这些新情况、新问题，对新时期民族文物工作提出了新挑战。

新时期，党和政府确立了推动文化大发展大繁荣的方针，强调要加强对各民族文化的挖掘和保护，重视对文物和非物质文化遗产的保护工作，这为民族博物馆事业迎来了前所未有的历史发展机遇。尽快规范民族文物管理，提高民族博物馆收藏保护民族文物的质量和研究利用好民族文物，成为当前快速发展的民族博物馆事业的首要工作任务。

党中央、国务院高度重视民族文物和民族文化保护工作。2009年6月，国务院召开了全国少数民族文化工作会议。2009年7月5日，颁布了《国务院关于进一步繁荣发展少数民族文化事业的若干意见》，2014年12月，党中央、国务院印发了《关于加强和改进新形势下民族工作的意见》，指出"加大少数民族优秀文化遗产保护力度，实施重点文物保护工程"等，为民族文物、民族文化工作的继往开来指明了方向，也对加强少数民族文物和民族文化工作提出了明确的要求。我们要认真贯彻落实《意见》精神，使民族文物在推进现代化建设和实现中华民族伟大复兴的中国梦进程中发挥更大的作用。

是为序。

中国博物馆协会民族博物馆专业委员会

2014年12月于北京

前言

一

如果把北极圈附近的大陆和岛屿想象成一幅环北极垂挂的罗裙，那么，地图上标示着驯鹿分布地的圈圈点点，就好比是一把撒在这裙摆上的珠子。这把珠子，在中国境内遗有一颗，那就是大兴安岭林海中的敖鲁古雅。

中国民族博物馆探寻东北亚驯鹿文化的调查行动，就始于敖鲁古雅。内蒙古自治区根河市的敖鲁古雅鄂温克族乡是驯鹿文化在东北亚抵达的最南端，它是历史遗留给北中国的最后一粒驯鹿文化之珠。从这里北上探入俄罗斯西伯利亚原野上那些依然奔跑着驯鹿的村庄：埃文基人的、埃文人的、那乃人的、克里亚克人的、楚克奇人的……纵观历史，中国民族博物馆在2013—2015年间所开展的东北亚泛北极圈驯鹿民族文化调查与文物征集，是迄今为止我国文博系统涉及驯鹿文物事项所开展的最完整、系统的调查和收藏工作。这场历时三年、纵横五千里的文化追寻，既在空间意义上展开，也在文化反思意义上展开——研究人员既追随驯鹿群在季节间迁徙往复、来来去去的足迹，也探寻东北亚驯鹿文化在工业化时代进退消涨、兴衰嬗变的历史辙印；如果说前者为调查所获文物注入了民族学人类学的阐释意味，那么后者则使研究者在对驯鹿这项独特的人类文化现象的观照中，触及到了一个对现代文明进行生态与文化反思的幽秘视角。

二

　　有很多条线可供划出前现代文明与现代文明的分界。而其中格外显著和分明的一条线，就是人与自然的关系——当人与自然的紧密依存成为文明存在与发展的主要支点时，这就是前现代性文明；当人对自然完成了"祛魅"历程，并建构出人与自然的二元分立，进而将人的自身发展建立在对自然的克服与超越基础上时，人类就迎来了现代性文明。从这个意义上说，地球泛北极圈地带的驯鹿文化是一个典型的前现代文明样本，它在空前高涨、无度扩张的现代性尚未抵达的极地空间里，独自残存，并浮现最后一丝悠然神情。

　　驯鹿是地球上唯一一种无论雌与雄都长角的鹿，又名角鹿。驯鹿环北极而生，分布于北欧、北美、俄罗斯、蒙古国与中国等地的亚寒带针叶林中，栖息于森林、冻土地带和沼泽地长有石蕊且积雪不多的地方，以苔藓、地衣等低等植物为食。因为擅长在泥沼、森林和雪地中行走，驯鹿被誉为"林海之舟"；又由于性情温顺，驯鹿被称为"瑞兽"。

　　人类与驯鹿之间建立起的紧密关系，可以上溯至新石器时代。生活在北半球严寒地带的一些狩猎民族，创造了逐野生驯鹿而居、以驯鹿作为主要经济生活方式和精神世界重要因素的驯鹿文化。地球上驯鹿文化的主要创造者是北欧拉普人（Lapps，又称萨米人）、亚洲大陆北部的北通古斯族群、北美因纽特人……至今，全世界仍有20多个民族、10万人在饲养驯鹿，驯鹿总数达到250万头左右。

16世纪至17世纪中叶,追寻着野生驯鹿足迹到达贝加尔湖西北勒拿河流域的一群北通古斯人,于18世纪又以驯鹿为运输工具,沿着石勒喀河迁徙到额尔古纳河流域,来到大兴安岭北段狩猎和饲养驯鹿。这个被清代史籍载为"使鹿部"的族群,即是当代中国驯鹿文化守望者——敖鲁古雅驯鹿鄂温克的祖先。近半个世纪以来,驯鹿鄂温克经历了定居、农耕等一系列重大文化变迁,至今,敖鲁古雅乡鄂温克族人有200多人,大兴安岭密林中散布着他们的6个驯鹿养殖点,共计存有1200多头驯鹿。

三

对于语言的寻究总能带来一些历史真相的澄现。比如对于"鄂伦"一词的索源。在通古斯语中,"鄂伦"至少可追溯出三重含义:驯鹿;苔原高地;泛北极圈东北亚众多通古斯人的自称。

上述三种词意寓于同一个语音,表明历史上通古斯人与驯鹿、苔原高地所缔结起的三位一体的历史关系。而人、地、鹿之间的紧密扭结,则喻示着人与自然高度依存的一种生命哲学。

早在新石器时代,生活在北半球严寒地带的狩猎民族即创造了驯鹿文化。这一种文化呈现出人与自然结成生命共同体的朴素而深邃的生态逻辑——驯鹿是北极圈民族的肉食来源,但同时驯鹿还为森林民族提供其他重要的衣食之源:鹿乳营养价值极高,每升驯鹿乳可产生2000～2500卡热量,高于牛、羊乳;鹿皮是上等御寒材料,可缝制衣、裤、帽、手套、褥子等;未加工的驯鹿毛皮可做睡袋和雪橇的遮盖物;驯鹿骨和角可制成各种生活用具:刀把、针盒、雪铲、套索环等；如果骆驼是"沙漠之舟"的话，那么驯鹿便是"森林之车"。驯鹿行走时步态平稳，骑乘者极其舒适。每头壮鹿最多可载重五十公斤，日行七八十公里。历史上，通古斯人很早就开发了驯鹿运输业。驯鹿在原始森林地带曾被广泛用于邮政运输和货物运输，租赁驯鹿运输业曾为通古斯人带来可观的财富。

所以，尽管受到技术和工具的制约，但依托北极圈的辽阔地域和丰富资源，驯鹿民族并未遭遇过严重的生存危机，驯鹿文化系统表现出高度的稳定性。以中国境内的使鹿部落为例，学者们研究发现：历史上驯鹿鄂温克的生活并未发生过严重的衣食之忧。

驯鹿民族热爱自己的生存方式，驯鹿文化体现出人与驯鹿之间的亲密关系。比如敖鲁古雅的鄂温克人从不轻易宰杀驯鹿，只有实在打不到猎物或驯鹿受外伤无法医治时才吃驯鹿肉。而驯鹿则在漫长的历史中，逐渐深度介入北极圈民族的精神生活——驯鹿崇拜是驯鹿民族最重要的自然崇拜；通古斯人把驯鹿作为人与某些神灵之间的媒介，死者的灵魂借助于它前往另一个世界。通灵者萨满的灵魂不仅变成鹰，有时还化成驯鹿的姿态出现。而萨满的神帽上普遍饰有两枝高耸多叉的鹿角。鹿角被认为是萨满庇护神的储藏所，鹿角成为萨满服最突出的标志，一叉叉向上伸展的鹿角被认为是通天的象征，像萨满神梯一样是萨满灵魂上行的凭借物。由于萨满能力不同，他们所能到达的天界层面有所不同，所以鹿角的叉数又代表着萨满能力的级别。

驯鹿文化的生态逻辑，还体现在一个重要环节：由于驯鹿喜食森林苔藓、石蕊，而这类植物系多年生，如停留在一个地区长期放牧，苔藓根部会被吃掉，所以驯鹿者经常搬迁，三五年内不去曾经放牧过的牧场。这种游猎方式客观上扼制了人对森林苔原原始植被的破坏，保护了生态平衡。

我们有理由认为：驯鹿文化是北极圈民族在地球上最不适合人类生存的地方所发明的一种基于人与自然高度依存关系的智慧生存方式。

四

在北极圈驯鹿文化的历史舞台上，我们看见中国的鄂伦春族留下了一个意味深长的背影。即便是在现代通古斯语中，"鄂伦春"的语意也明确地指示着一个意义："饲养驯鹿的人"。语言学揭橥了中国东北民族鄂伦春在历史上曾经与驯鹿之间缔结的紧密关系。但与敖鲁古雅鄂温克不同的是，近代以来鄂伦春的生活中并无驯鹿。那么，一个以"驯鹿者"为族名的民族，为何近代以来其生活中了无驯鹿踪影？这意味着在过去二三百年间这个民族曾经发生过一次重大的文化断裂。失去驯鹿的鄂伦春人在走进清代典籍时，他们已演变成骑马者的形象——清康熙年间，鄂伦春被记录为"摩凌阿鄂伦春"（骑马的鄂伦春人）和"雅发罕鄂伦春"（步行的鄂伦春人）两个部落，这表明鄂伦春在早清时期即与驯鹿相离失。曾经作为"使鹿部"重要成员的鄂伦春，在约三百年前已完成了向森林游猎鄂伦春与农耕鄂伦春的分流。

驯鹿从一个民族历史中走失，最有可能的缘由是环境的演变。所以，顺着驯鹿的足迹，追寻到的也许不仅是一种动物的往复，更有可能是一个民族的历史，一种文化的进退，一个生态环境的沧桑之变。事实上，中国民族博物馆所组建的调查小组在从敖鲁古雅出发前，更先的起点是鄂伦春。探寻鄂伦春对于驯鹿文化残存的记忆，那些依稀但顽固的情感，那些遗留在传说、歌谣中的残碎片断——对于这一切的记录与搜集，才是中国民族博物馆驯鹿文化追寻的真正起点。而文物调查与征集中的文化反思之芽也渐渐萌生。

事实上，当调查小组进而深入俄罗斯境内驯鹿人的村庄时，一幅关于驯鹿民族近代以来的历史嬗变图便终于清晰地展现在眼前了——这是一幅东北亚驯鹿文化正在逐渐向北方退缩的趋势图；随着现代化的推进，随着全球气候变暖、冻土带北移，北极圈民族正在上演着越来越多的与驯鹿文化相离失的故事。

进入21世纪以来，人类驯鹿文化呈现出衰减的趋势：从事驯鹿饲养业的民族人口总体数量在减少；原始森林类型养鹿业呈明显下降趋势；各驯鹿民族中家养驯鹿的数量亦急剧萎缩。比如，作为拥有世界上驯鹿数量最多、驯鹿饲养业类型最多样化、驯鹿民族单位最多的俄罗斯，却难掩其古老的驯鹿业正在走向萎缩与衰减的趋势。仅在21世纪前十年，俄罗斯从事驯鹿业的民族就从传统的19个减少到16个；十几年前，克特人、恩加纳桑人和涅吉达尔人、卡累利阿人甚至部分古老的从事驯鹿饲养业的俄罗斯人，都基本上放弃了这一生计方式；在托法位尔人中，驯鹿业的自然边界已经消失了，奥罗克人的驯鹿业也已经遗失了。

驯鹿文化的历史进退，首先与森林苔原资源的生态进退相一致。从地球大气环境看，全球气候变暖，北半球冻土带快速地发生从南向北的消融之势，驯鹿赖以生存的自然环境急剧变异，其赖以存活的主食苔藓随着冻土带向北方退减，由此驯鹿不得不北移，一些泛北极圈民族为此被迫放弃驯鹿生活方式，从山林退出，走向定居，走进城市。

其次，驯鹿文化的历史进退，还与工业化的进逼路线紧密攸关。一百多年间，工业化进程咄咄逼人，驯鹿分布地被北进的工业化浪潮各个击破；东北亚泛北极圈民族由南向北渐次解除与驯鹿的依存关系，这一条路线正是现代化逐渐向北推进的路线。

所以，驯鹿的足迹，一方面交织着近代以来东北亚泛北极圈地区的地理气候变化史，它深刻地展示出我们时代地球面貌正在发生的沧海桑田；另一方面它又呈现出现代化进程为北极圈民族带来的文化演变，隐现着一种古老生态文化的历史进退，交织出自然生态与民族历史、经济生活、现代文明的深刻关联。我们由此可以看出现代性作为背后真正操控手的历史真相。

五

对于前现代文明遗存物的搜寻与收藏，构成当代博物馆繁忙的日程，成为其当然的文化使命。但是，如果这种搜寻与收藏仅仅用以拼凑人类的前现代记忆，并以此充当对"现代"的旁证与映照，那么，博物馆在当代世界的角色就仍旧不过是现代性的一台加速器。事实上，对于前现代生活的意义呈现，使博物馆成为人类文化线性阶梯进化论的反叛者，为现代性提供集中而强烈的反思。这使当代博物馆获取其一个重要的功能，即以人类文化多样性的呈现，为跨文化理解与相互认同提供重要场域。

2014年8月，中国民族博物馆甄选馆藏东北亚民族文物精品，同时以有着长期合作关系的敖鲁古雅博物馆部分藏品作为补充，精心策划与制作了《寻找"鄂伦"的足迹——泛北极圈东北亚驯鹿民族文化展》。展览所展示的各种驯鹿文物，一一道出发生在中国驯鹿文化孤岛以及西伯利亚驯鹿者村庄的故事，呈现出驯鹿文化的地理与历史变迁。驯鹿文化的器物言说出驯鹿民族源自祖先的对驯鹿颠扑不破的固执依恋与守护——不论是作为生活资源的驯鹿，还是作为漫漫冬日长途跋涉之骑乘工具的驯鹿，抑或是作为人与神灵之间的媒介的驯鹿，以及那些被埃文基人用来制作精美褥垫的历史悠久的驯鹿皮毛艺术。而由文物来完成的驯鹿叙事，比起那些文化他者的记录与转述，更为质朴与本真。

"驯鹿的足迹"让人深味人类古老传统文化的价值；"寻找驯鹿的足迹"，则让人反思全球化时代的自然、生态以及人类的选择。这个关于驯鹿文化的主题展，提供了一个关于人类命运与自然相依存的深刻寓言。"当这种与独特的自然地理高度相融并达成了极其和谐关系的古老生计传统一步步走向衰竭时，人类在这里能做出更好的生计选择吗？"展览在"结语"中写道。

对于正在忙碌地搜寻与收藏前现代文明遗存物的博物馆来说，借由藏品向现代性提问，这正是其当然的职责。

中国民族博物馆副馆长　郑　茜

2015年12月

目录

总序 —————————————————————————— 002
前言 —————————————————————————— 006

宗教器物 —————————————————————— 001

萨满服 ————————————————————————— 002
萨满鼓 ————————————————————————— 005
神偶 —————————————————————————— 007

皮毛服饰 —————————————————————— 009

皮衣 —————————————————————————— 010
套裤 —————————————————————————— 030
皮靴 —————————————————————————— 032
皮帽 —————————————————————————— 047
手套 —————————————————————————— 049

皮毛用具 —————————————————————— 057

皮篓 —————————————————————————— 058

驮篓	060
睡袋	066
皮被	067
皮垫	068
皮包	092
工具袋	100
盐袋	102

驯鹿鞍具　　107

鹿鞍	108
鞍垫	120
笼套	124
饰品	128

狩猎工具　　131

猎枪	132
子弹袋	133
地箭	136

猎刀	137
鱼叉	141
鹿哨	142

艺术 145

海象牙刻绘艺术	146
鲸鱼须刻绘艺术	151
油画	152
兽皮画	159
木雕	161

其他 163

摇篮	164
滑雪板	166
背夹	167
熟皮工具	170
桦皮篓、盒	174
针线包	190

木工工具	194
乐器	197
套鹿绳	199
其他	201

我们的故乡在北极星的下面

北中国，与驯鹿同行的鄂温克	210
后记	221

宗教器物

"萨满"一词源自通古斯语的saman，字面意为"知道的"，引申意为"先知""智者"。因此，saman指从事萨满技术的萨满师，可以通过有意地改变其意识状态，以接触或进入另一个实在之中，能由此获得力量和知识。任务完成之后，萨满师从萨满旅程回到原本的世界，以其所得的力量和知识帮助自己或他人。萨满师因从事萨满活动而创造的萨满文化起源于北极圈的通古斯民族，成为人类珍贵的文化遗产。

中国民族博物馆
东北亚驯鹿民族文化卷

宗教器物

萨满服

萨满服

鄂温克族　内蒙古自治区根河市敖鲁古雅鄂温克族乡　通长140厘米　下摆宽45厘米　穗93厘米　马鹿皮质

包括上衣和围裙两部分，上衣为对襟款式，以皮绳为系扣，背后搭配有铜镜等配饰；围裙用马鹿皮裁剪成皮条，再搭配以彩色线绳作为装饰。此萨满服依照鄂温克族20世纪著名萨满纽拉的萨满服复原而成。

萨满帽

鄂温克族　内蒙古自治区根河市敖鲁古雅鄂温克族乡　长95厘米　宽20厘米　马鹿皮、铁质

为萨满做法事时与萨满服搭配穿，帽顶有铁质鹿角造型装饰，后部有两片皮制坠饰，在坠饰上镶嵌有彩色条纹及铁片神偶。此帽依照鄂温克族20世纪著名萨满纽拉的萨满服复原而成。

萨满服

鄂温克族　内蒙古自治区根河市敖鲁古雅鄂温克族自治乡
通长100厘米　通宽42厘米　驯鹿皮、铜质等　敖鲁古雅鄂温克族驯鹿文化博物馆藏

鄂温克族20世纪著名萨满纽拉的女儿巴拉杰依制作于1960年，由神衣、神帽、神裙等部分组成。

宗教器物

萨满服

萨满服

鄂温克族　内蒙古自治区根河市敖鲁古雅鄂温克族乡　通长100厘米　通宽20厘米　驯鹿皮、铜质等　敖鲁古雅鄂温克族驯鹿文化博物馆藏

鄂温克族20世纪著名萨满纽拉的女儿巴拉杰依制作，由神衣、神帽、神裙等部分组成。

萨满鼓

萨满鼓

那乃人　俄罗斯远东哈巴罗夫斯克边疆区
鼓厚5.5厘米　鼓面直径50厘米　鼓槌长31.5厘米　宽7厘米　木、绒布、马鹿皮质

为萨满做法事的重要法器。鼓面为马鹿皮，背后有十字形编制带；鼓槌为木柄，前端包裹黑色绒布。

萨满鼓

鄂温克族　内蒙古自治区根河市敖鲁古雅鄂温克族乡
鼓面直径28.9厘米　厚7.8厘米　马鹿皮、木、狍皮质

萨满做法事时使用，为重要的萨满用具。鼓槌为木质并套以狍皮，二者相击，声音浑厚洪亮。

宗教器物

萨满鼓

萨满鼓

鄂温克族　内蒙古自治区根河市敖鲁古雅鄂温克族乡　鼓面直径29.5厘米　木、皮革质等　敖鲁古雅鄂温克族驯鹿文化博物馆藏

单面皮质，萨满做法事时使用。

神 偶

舍卧克

鄂温克族　内蒙古自治区根河市敖鲁古雅鄂温克族乡　通长12厘米　通宽12厘米　木质　敖鲁古雅鄂温克族驯鹿文化博物馆藏

鄂温克族重要的神像之一，由鄂温克老人拉吉米制作于1980年。

神偶皮篓

鄂温克族　内蒙古自治区根河市敖鲁古雅鄂温克族乡　通高15厘米　桦树皮、皮革质　敖鲁古雅鄂温克族驯鹿文化博物馆藏

盛放神偶的皮质工具，内部用桦树皮缝制作，外部包裹一层兽皮并镶嵌彩色布条装饰。

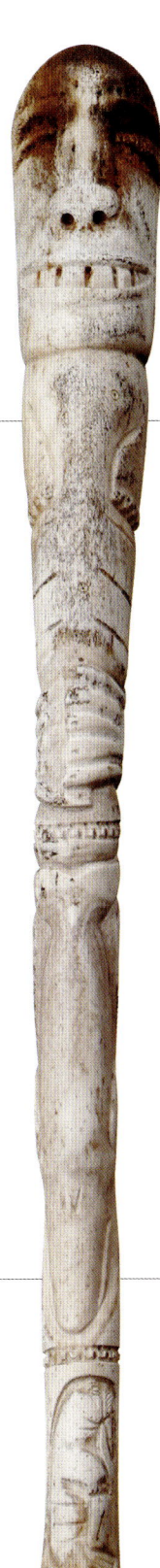

生殖神偶骨雕

楚科奇人　俄罗斯远东地区　长53厘米　最长直径5厘米　最窄直径3厘米　海象骨质

为男性形象，用整根海象骨雕刻而成，其造型具有生殖崇拜的特征。

皮毛服饰

中国民族博物馆
东北亚驯鹿民族文化卷

　　东北亚地区的驯鹿民族长期生活在寒冷的北极地区，此地的先民充分利用动物皮毛防风保暖的特性，并在长期的生活实践过程中熟练地掌握了皮毛加工技术，使其成为良好的服饰加工原材料，也因此创造了独特的皮毛服饰文化。

皮毛服饰

皮 衣

男服

埃文基人　俄罗斯远东地区　上衣肩宽57厘米　衣长85厘米　下摆宽77厘米　裤长89厘米　裤脚宽27厘米　靴高60厘米　鞋底长26厘米　帽高19厘米　护耳长11厘米　驯鹿皮质

包括翻领对襟上衣、皮裤、长筒靴、圆顶护耳帽等四部分，使用驯鹿皮拼接制作而成。

儿童服

埃文基人　俄罗斯阿穆尔地区　上衣肩宽34厘米　衣长49厘米　下摆宽77厘米　裤长76厘米　腰围56厘米　靴高42厘米　鞋底长24厘米　帽高（含护耳）26厘米　头围48厘米　驯鹿皮质

为光板驯鹿皮所制，包括上衣、裤子、帽子、长筒靴四部分。上衣为贯头翻领衣，裤子腰部系扣，靴子后跟处缝有起固定作用的皮绳，帽子为圆顶护耳帽。此套服饰皮质较薄，通常夏季使用。

皮毛服饰

皮 衣

狍皮上衣

鄂温克族 内蒙古自治区根河市敖鲁古雅鄂温克族乡 长66厘米 两袖通长109厘米 下摆宽54厘米 狍皮质

为翻领对襟童装,颜色为狍皮原色没有任何装饰,皮质较厚,为冬季穿用。

贯头衣

科里亚克人　俄罗斯远东堪察加地区　两袖通长185厘米　衣长（含帽）135厘米　下摆宽175厘米
驯鹿皮质

为驯鹿皮连帽服，皮质较厚，为冬季穿用。装饰有不同形制的太阳纹图案，为科里亚克人传统装饰图案，具有吉祥、美好的寓意。

皮毛服饰

皮 衣

女式翻领衣

埃文基人　俄罗斯雅库特共和国　袖通长148厘米　衣长80厘米　下摆宽63厘米　驯鹿皮质

为八月宰杀的驯鹿皮制作而成，皮质厚实保暖且不易掉毛。领边、襟沿、下摆、袖口处的白色出锋为驯鹿颈下的鬃毛镶嵌制作。

女童翻领衣

埃文基人　俄罗斯雅库特共和国　两袖通长129厘米
高90厘米　胸围118厘米　驯鹿皮质

为埃文基人传统女服款式,皮毛密实厚重,为冬季驯鹿皮毛制作而成。

皮毛服饰

皮 衣

翻领上衣

埃文基人　俄罗斯阿穆尔州乌斯其纽可让　两袖通长152厘米　高91厘米　胸围70厘米　下摆宽46厘米
驯鹿皮质

为埃文基人传统男服样式，翻领、对襟，整体为驯鹿皮毛自然颜色，皮质厚实，一般冬季穿用。

儿童皮衣

埃文基人　俄罗斯阿穆尔州乌斯其纽可让　下摆宽44厘米　高55厘米　驯鹿皮质

为埃文基人传统儿童服装样式，翻毛、翻领、对襟。衣襟前部白色皮毛镶嵌的四叶草图纹为埃文基传统图案之一。

皮毛服饰

皮 衣

翻领上衣

埃文基人　俄罗斯雅库特共和国　两袖通长112厘米
下摆宽51厘米　高76厘米　驯鹿皮质

为埃文基妇女服装样式，衣襟及下摆处的小簇皮毛镶嵌和出锋是其传统服饰装饰特征之一。

儿童上衣

埃文基人　俄罗斯雅库特共和国　两袖通长87厘米
下摆宽46厘米　高55厘米　驯鹿皮质

为埃文基儿童传统服饰之一，领、袖、腰部缀小驯鹿蹄匣，儿童穿着此件皮衣时蹄匣发出清脆的响声，避免在森林中走丢。

皮毛服饰

皮 衣

女式翻领衣

埃文基人　俄罗斯雅库特共和国　两袖通长97厘米
衣长65厘米　腰围88厘米　驯鹿皮质

为埃文基传统女服形制，衣领、衣襟、衣摆等部位点缀白色、棕色小簇皮毛。

贯头衣

科里亚克人　俄罗斯远东堪察加地区　两袖通长176厘米
衣长(含帽)125厘米　下摆宽186厘米　驯鹿皮质

为科里亚克人传统服饰之一，贯头、连帽，白色与棕色皮毛相间拼接，酷似雪地的感觉，便于在打猎时伪装。

皮毛服饰

皮 衣

男童服

埃文基人　俄罗斯雅库特共和国　上衣：袖通长84厘米　衣长55厘米　下摆宽47厘米　手套：长16厘米　宽10厘米　帽：通高20厘米（含耳）　帽口径20厘米　靴：高17厘米　底长15厘米　驯鹿皮、狐狸皮毛质

包括上衣、帽子、手套、靴子四部分，为儿童盛装，一般在参加驯鹿节等重要活动时穿戴。护耳帽的护耳及帽檐部位镶嵌狐狸皮毛。

男童服

埃文基人　俄罗斯雅库特共和国　袖通长128厘米
衣长66厘米　下摆宽49厘米　驯鹿皮质

为埃文基传统儿童服饰,翻领、对襟。

皮毛服饰

皮 衣

翻领上衣

埃文基人　俄罗斯雅库特共和国　袖通长160厘米　衣长98厘米　下摆宽68厘米　驯鹿皮质

为埃文基人传统男服款式，皮毛质量较高，边缘皆有出锋，均匀缀满白色小簇皮毛，一般在冬季穿用。

翻领皮衣

埃文基人　俄罗斯布里亚特共和国北贝加尔斯克　衣长79厘米　袖长37厘米　驯鹿皮质

为埃文基少年传统服装款式，翻领、对襟、出锋，皮毛厚实，为冬季驯鹿皮所制。

皮毛服饰

皮 衣

皮大衣

鄂温克族　内蒙古自治区根河市敖鲁古雅鄂温克族乡　通长120厘米　通宽46厘米　驯鹿皮质　敖鲁古雅鄂温克族驯鹿文化博物馆藏

鄂温克族传统女式外衣，多在夏季穿用。

鹿皮大衣

鄂温克族　内蒙古自治区根河市敖鲁古雅鄂温克族乡　通长133厘米　通宽46厘米　驯鹿皮质　敖鲁古雅鄂温克族驯鹿文化博物馆藏

鄂温克族传统女式外衣，多在夏季穿用。

皮毛服饰

皮 衣

皮衣

鄂温克族　内蒙古自治区根河市敖鲁古雅鄂温克族乡　通长75厘米　通宽31厘米　驯鹿皮质　敖鲁古雅鄂温克族驯鹿文化博物馆藏

由玛利亚索制作,为鄂温克族传统儿童皮衣样式,皮质较厚,多在冬季穿用。

皮衣

鄂温克族　内蒙古自治区根河市敖鲁古雅鄂温克族乡　通长79厘米　通宽49厘米　驼鹿皮质　敖鲁古雅鄂温克族驯鹿文化博物馆藏

由玛利亚索制作，男式，一般在上山打猎时穿用。

皮毛服饰

套 裤

套裤

埃文基人　俄罗斯阿穆尔州乌斯其纽可让　长60厘米　宽24厘米　驯鹿皮质

埃文基人传统服饰之一，野外活动时套在皮裤之外，起到保暖和防止皮裤被树枝刮破的作用。上缘处缀两条皮绳系带，穿用时起到固定作用。

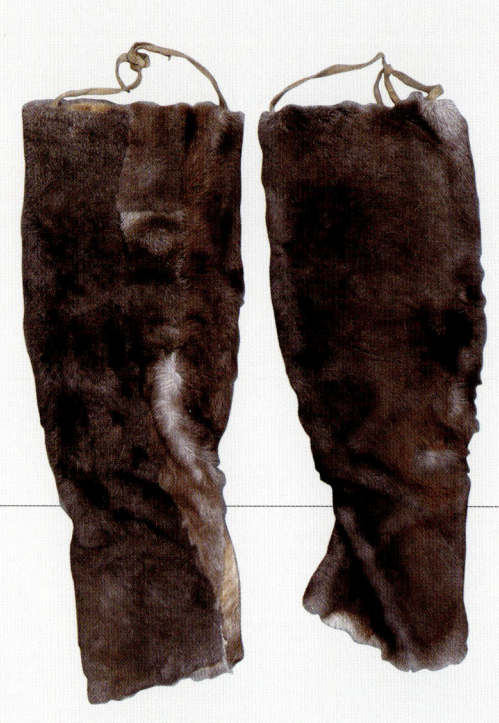

套裤

埃文基人　俄罗斯阿穆尔州乌斯其纽可让
长70厘米　宽27厘米　驯鹿皮质

埃文基人传统服饰之一，野外活动时套在皮裤之外，起到保暖和防止皮裤被树枝刮破的作用。皮毛厚实，为冬季驯鹿皮所制，上缘处缀两条皮绳系带，穿用时起到固定作用。

皮套裤

鄂温克族　内蒙古自治区根河市敖鲁古雅鄂温克族乡　通长70厘米　通宽21厘米　马鹿腿皮、驯鹿皮质　敖鲁古雅鄂温克族驯鹿文化博物馆藏

鄂温克语称"阿如牧师"，使用带毛马鹿腿皮和驯鹿皮缝制，成年男子上山打猎时穿用，起到保暖、防潮、行走方便的作用。

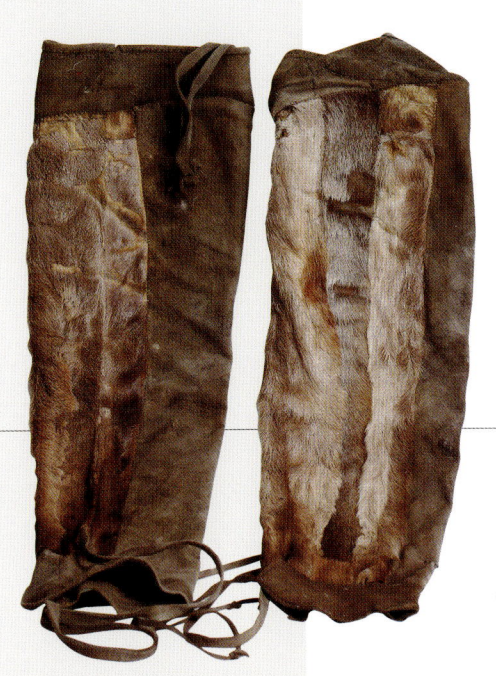

皮套裤

鄂温克族　内蒙古自治区根河市敖鲁古雅鄂温克族乡　通长75厘米　通宽29厘米　驯鹿皮质　敖鲁古雅鄂温克族驯鹿文化博物馆藏

鄂温克语称"阿如牧师"，使用带毛马鹿腿皮和驯鹿皮缝制，成年男子上山打猎时穿用，起到保暖、防潮、行走方便的作用。

皮毛服饰

皮　靴

长靴

鄂温克族　内蒙古自治区根河市敖鲁古雅鄂温克族乡　长30厘米　高38厘米　宽11厘米　驯鹿皮质

鄂温克族传统长靴样式，皮质厚实，使用冬季驯鹿皮所制。靴筒后侧靠近靴口的位置缀有皮绳，穿用时捆绑靴口，既能防止进风，又可避免靴子脱落。

童靴

鄂温克族　内蒙古自治区根河市敖鲁古雅鄂温克族乡　底长18厘米　靴高21厘米　驯鹿皮质

鄂温克族传统童靴样式，皮质厚实，为冬季驯鹿皮所制。靴筒后侧靠近鞋跟处缀有皮绳，穿用时系于脚腕处，既能防止进风，又可避免靴子脱落。

短靴

鄂温克族　内蒙古自治区根河市敖鲁古雅鄂温克族乡　长20厘米　高23厘米　宽8厘米　驯鹿皮质

鄂温克族传统短靴样式，皮质厚实，为冬季驯鹿皮所制。靴筒后侧靠近鞋跟处缀有皮绳，穿用时系于脚腕处，既能防止进风，又可避免靴子脱落。

绣花女靴

涅吉达尔人　俄罗斯远东哈巴罗夫斯克边疆区　靴筒高27厘米　底长14.5厘米　驯鹿皮、紫貂皮毛质

为单层光板皮短靴，皮质较薄，夏季穿用。靴面和靴筒处绣彩色花卉图案，为涅吉达尔人传统装饰图案，靴筒镶嵌一圈紫貂皮毛作为装饰。

皮毛服饰

皮　靴

女式长靴

埃文基人　俄罗斯远东阿穆尔地区　靴筒高27厘米　底长25厘米　驯鹿皮质

使用驯鹿腿部皮毛制作而成，靴筒顶部装饰一圈4厘米宽几何纹珠绣图案，靴筒跟部配有系带，穿着时系于脚腕处，以防止靴子脱落。

长靴

埃文基人　俄罗斯远东阿穆尔地区　靴筒高71厘米　底长28厘米　驯鹿皮质

埃文基人传统长靴样式，以极高的靴筒为特色，在积雪较厚的季节穿用，避免积雪进入靴筒。

长靴

埃文基人　俄罗斯雅库特共和国　靴高60厘米　靴底长26厘米　驯鹿皮质

主体采用褐色腿部皮毛制作而成，靴筒跟部缀有皮绳，穿着时系于脚腕处，以防止靴子脱落。

双层长靴

埃文基人　俄罗斯雅库特共和国　靴高40厘米　底长21厘米　驯鹿皮质

主体选用褐色驯鹿腿皮制作而成，内部缝有一层短靴，起到增加保暖的作用。

皮毛服饰

皮 靴

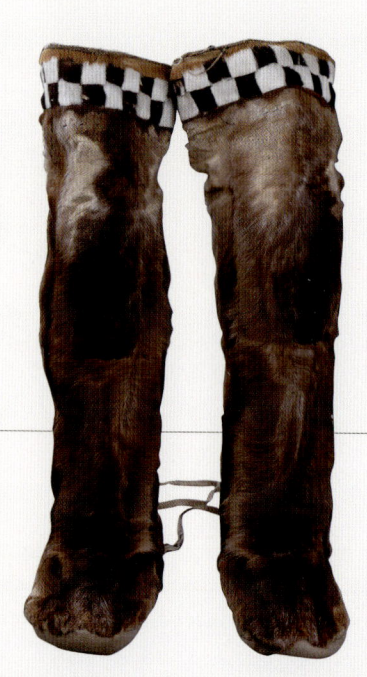

长靴

埃文基人　俄罗斯雅库特共和国
高60厘米　底长20厘米　驯鹿皮质

埃文基人传统长靴样式，选用褐色腿部皮毛制作而成，靴筒跟部缀有皮绳，穿着时系于脚腕处，以防止靴子脱落。

长靴

埃文基人　俄罗斯雅库特共和国
靴高60厘米　靴底长27厘米　驯鹿皮质

埃文基人传统长靴样式，选用褐色腿部皮毛制作而成，靴筒跟部缀有皮绳，穿着时系于脚腕处，以防止靴子脱落。

童靴

埃文基人　俄罗斯雅库特共和国
高21厘米　底长20厘米　驯鹿皮质

采用褐色驯鹿皮制作而成，在靴跟部缝制有皮绳，在穿用皮靴时起到固定作用。靴筒上装饰有一圈白色皮毛出锋，起到很好的装饰作用。

皮靴

埃文基人　俄罗斯雅库特共和国
高27厘米　底长22厘米　驯鹿皮质

主体选用褐色驯鹿腿皮制作而成，底部为橡胶材质。受俄罗斯靴子制作工艺的影响，现在埃文基人普遍穿用这种靴子。

皮毛服饰

皮 靴

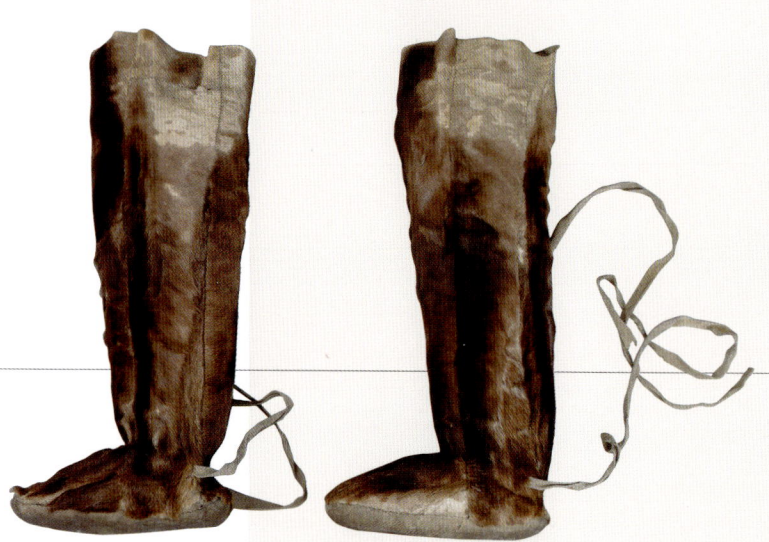

长靴

埃文基人　俄罗斯雅库特共和国　高52厘米　底长22厘米　驯鹿皮质

埃文基人传统长靴样式，靴底为光板驯鹿皮，靴筒后部脚跟处有皮绳，穿用时环绕在脚腕处，起到固定作用。

长靴

埃文基人　俄罗斯雅库特共和国　高44厘米　底长22厘米　驯鹿皮质

为埃文基人传统长靴样式，靴底为光板驯鹿皮制成。

短靴

埃文基人　俄罗斯雅库特共和国　高17厘米　底长18.5厘米　驯鹿皮质

埃文基人传统短靴样式。

短靴

埃文基人　俄罗斯雅库特共和国　高18厘米　底长24厘米　驯鹿皮质

埃文基人传统短靴样式，皮底，翻毛靴靿，鞋跟部有皮绳，穿用时环绕在脚腕处，起到固定作用。

皮毛服饰

皮 靴

短靴

埃文基人　俄罗斯雅库特共和国
高22厘米　底长17厘米　驯鹿皮质

埃文基人传统短靴样式，皮底，靴筒口沿处镶嵌灰色兽毛出锋。

短靴

埃文基人　俄罗斯阿穆尔州
乌斯其纽可让　高30厘米
底长27厘米　驯鹿皮质

埃文基人传统短靴样式之一，靴筒口沿处为光板驯鹿皮材质。

短靴

埃文基人　俄罗斯后贝加尔斯克边疆区克拉区　高22厘米　底长24厘米　驯鹿皮质

埃文基人传统短靴样式之一，光板驯鹿皮制成，靴跟部有两条皮绳，用时缠绕在脚腕处，防止脱落。

长靴

埃文基人　俄罗斯后贝加尔斯克边疆区通戈科琴　高48厘米　底长35厘米　驼鹿皮质

埃文基人传统长靴样式，靴筒和靴底为光板驼鹿皮材质，靴面为翻毛驼鹿皮，靴面上的鹿毛因穿用时间较长多已脱落。靴筒底部穿有细绳，用于固定靴子，防止脱落。

皮毛服饰

皮　靴

女式皮靴

埃文基人　俄罗斯布里亚特共和国乌兰乌德市　高28厘米　底长24厘米　驯鹿皮质

埃文基人传统女靴样式，靴筒上部采用镶嵌工艺用黑、白、褐色鹿毛镶嵌成多种几何图案，靴底为光板驯鹿皮材质。

儿童短靴

楚科奇人　俄罗斯远东勘察加地区　高13.5厘米　底长19厘米　海豹皮质

楚科奇人传统儿童短靴样式，靴口处镶嵌黑色绒布锯齿边饰。

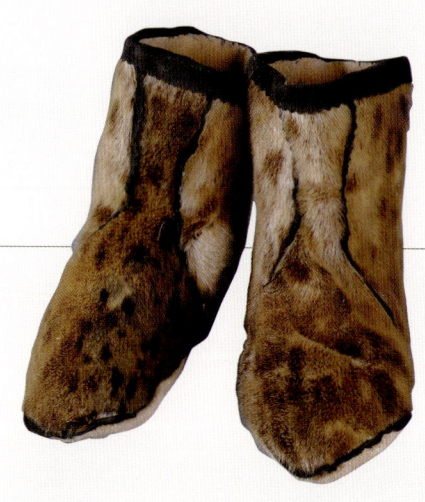

靴筒

埃文基人　俄罗斯布里亚特共和国巴尔古津区　高30厘米　口径16厘米　驯鹿皮质

埃文基人制作靴子的半成品，鹿皮靴是其冬季必备的服饰之一。

短靴

埃文基人　俄罗斯布里亚特共和国巴尔古津区　高19厘米　底长28厘米　驯鹿皮质

埃文基人传统的短靴样式之一，靴子跟部有皮绳，在使用时捆绑在脚腕处，起到固定作用。

皮毛服饰

皮 靴

男靴

鄂温克族　内蒙古自治区根河市敖鲁古雅鄂温克族乡　高10厘米　底长26厘米　驼鹿皮质　敖鲁古雅鄂温克族驯鹿文化博物馆藏

鄂温克语称"好木球那",为鄂温克族传统皮靴样式。

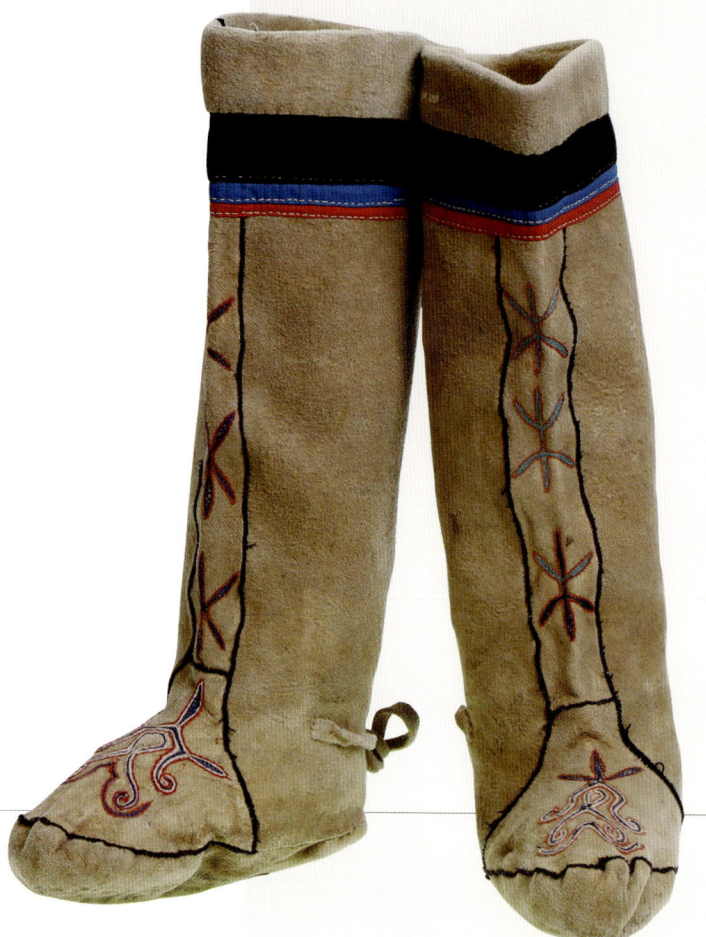

高筒皮靴

鄂温克族　内蒙古自治区根河市敖鲁古雅鄂温克族乡　高42厘米　底长25厘米　驯鹿皮质　敖鲁古雅鄂温克族驯鹿文化博物馆藏

鄂温克语称"好木球那",鄂温克族传统女式皮靴样式,多穿于夏季。

童靴

鄂温克族　内蒙古自治区根河市敖鲁古雅鄂温克族乡　高12厘米　底长12厘米　驼鹿皮质　敖鲁古雅鄂温克族驯鹿文化博物馆藏

鄂温克语称"好木球那",内衬布面,为鄂温克族传统童靴样式。

皮靴

鄂温克族　内蒙古自治区根河市敖鲁古雅鄂温克族乡　高18厘米　底长15厘米　驼鹿皮质　敖鲁古雅鄂温克族驯鹿文化博物馆藏

鄂温克语称"好木球那",内衬布面,为鄂温克族传统皮靴样式。

皮毛服饰

皮　靴

鹿皮靴

鄂温克族　内蒙古自治区根河市敖鲁古雅鄂温克族乡　高26厘米　底长16厘米　驯鹿皮质　敖鲁古雅鄂温克族驯鹿文化博物馆藏

鄂温克族传统儿童皮靴样式，多穿于夏季。

皮 帽

驯鹿头皮帽

埃文基人　俄罗斯阿穆尔地区　高（含护耳）25厘米　直径30厘米　驯鹿头皮质

埃文基人传统皮帽样式之一，圆顶护耳皮帽，使用初生驯鹿崽完整的头部皮毛制作而成，驯鹿崽耳朵置于帽顶，得到了完整的保留和有效的利用。

珠绣皮帽

埃文基人　俄罗斯阿穆尔地区　高（含护耳）25厘米　直径30厘米　驯鹿皮质

埃文基人传统皮帽样式之一，为光板驯鹿皮制作的圆顶护耳帽。

夹棉皮帽

埃文基人　俄罗斯远东阿穆尔地区　高（含护耳）30厘米　直径20厘米　驯鹿皮、紫貂皮质

埃文基人传统的皮帽样式之一，其形制为圆顶护耳帽，外侧为驯鹿皮毛，底部边缘为紫貂皮，皮帽内侧为粉色菱格夹棉内衬，护耳末端为系带。

皮毛服饰

皮 帽

尖顶皮帽

埃文基人　俄罗斯阿穆尔州乌斯其纽可让　高（含护耳）34厘米　宽26厘米　松鼠皮质

埃文基人传统皮帽样式之一，毛质柔软细密，其形制为尖顶塔形帽，两侧有护耳，护耳下端有线绳。

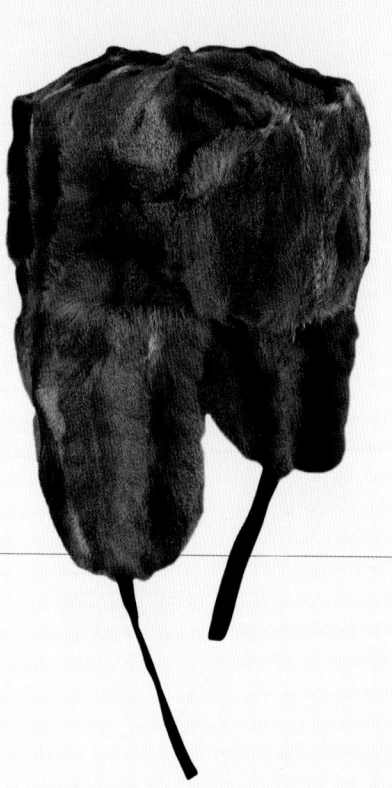

护耳皮帽

埃文基人　俄罗斯布里亚特共和国北贝加尔斯克　高（含护耳）30厘米　直径27厘米　护耳宽11厘米　驯鹿皮质

埃文基人传统皮帽样式之一，毛质厚实细密，护耳较长且下缘有细绳，根据气温高地，可将护耳系于下颌底部，也可将护耳翻起系于帽顶。

手 套

五指手套

鄂温克族　内蒙古自治区根河市敖鲁古雅鄂温克族乡　通长22厘米　通宽9.5厘米　驼鹿皮质　敖鲁古雅鄂温克族驯鹿文化博物馆藏

鄂温克语称"皮日恰"。

五指手套

埃文基人　俄罗斯阿穆尔州　口径9厘米　驯鹿皮质

埃文基人传统手套样式之一，光板驯鹿皮所制，背部绣彩色三叶草图案，此图案为埃文基人传统图案样式，运用十分广泛。

皮毛服饰

手 套

五指手套

鄂温克族　内蒙古自治区根河市敖鲁古雅鄂温克族乡　长23厘米　宽15厘米　驼鹿皮质

鄂温克族传统手套样式之一，制作时将有毛的一面朝内，以增加保暖效果。

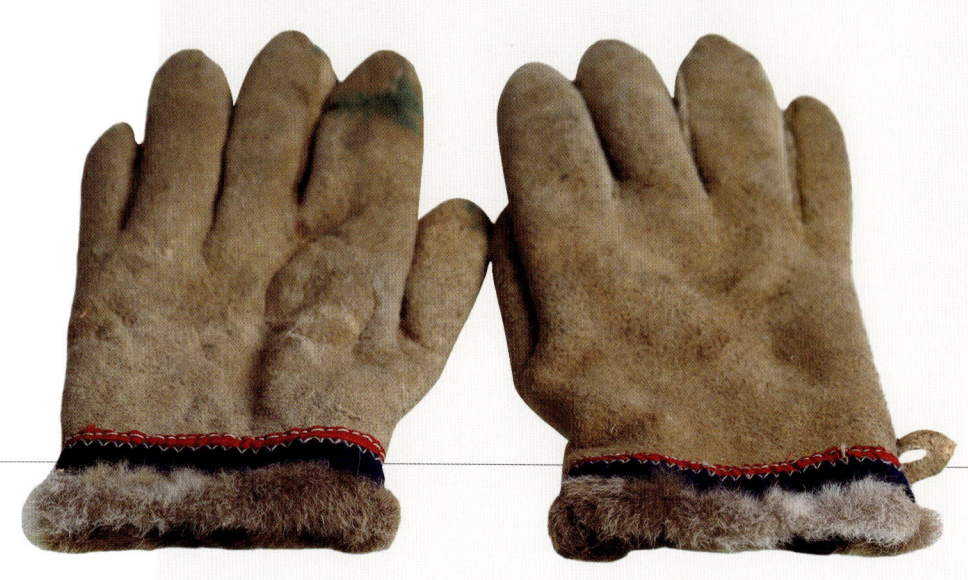

五指手套

鄂温克族　内蒙古自治区根河市敖鲁古雅鄂温克族乡　通长23厘米　通宽14厘米　驼鹿皮质　敖鲁古雅鄂温克族驯鹿文化博物馆藏

鄂温克语称"皮日恰"，由敖考列制作。

五指手套

埃文基人　俄罗斯雅库特共和国
长26厘米　宽12.5厘米　驯鹿皮质

埃文基人传统手套样式之一，光板驯鹿皮所制，背面装饰彩色卷草纹图案，此图案为其传统图案样式，运用十分广泛。

五指手套

埃文基人　俄罗斯雅库特共和国　通长27厘米　宽13.5厘米　驯鹿皮质

埃文基人传统手套样式之一，光板驯鹿皮所制，背面装饰彩色卷草纹图案，此图案为其传统图案样式，运用十分广泛。

皮毛服饰

手 套

五指手套

埃文基人　俄罗斯布里亚特共和国北贝加尔斯克
长27厘米　口径14厘米　驯鹿皮质

埃文基人传统手套样式之一，背部采用褐白双色驯鹿皮毛拼接而成，手掌部位使用驯鹿光板皮，便于提高手掌的灵活性。在手套口沿部位装饰黑色绒布镶边，既保暖又起到装饰效果。

皮手套

埃文基人　俄罗斯布里亚特共和国巴尔古津区　长27厘米　口径14厘米　驯鹿皮质

埃文基人传统手套样式之一，手掌一面为光板驯鹿皮制作，便于提高手掌的灵活性。

五指手套

埃文基人　俄罗斯雅库特共和国　长27厘米　宽16厘米　驯鹿皮质

埃文基人传统的手套样式之一，背部采用褐白双色驯鹿皮毛拼接而成，手掌部位使用光板驯鹿皮，便于提高手掌的灵活性。两只手套可用皮扣连接，易于保存。

皮毛服饰

手　套

狩猎手套

鄂温克族　内蒙古自治区根河市敖鲁古雅鄂温克族乡　通长33厘米　通宽18厘米　驼鹿皮质　敖鲁古雅鄂温克族驯鹿文化博物馆藏

鄂温克语称"考考了",男子冬季上山打猎时使用。

儿童手套

埃文基人　俄罗斯雅库特共和国
长14.5厘米　宽11厘米　皮筋长
75厘米　驯鹿皮质

埃文基人传统的儿童手套样式之一，采用黑褐色驯鹿皮制成，两只手套用宽皮筋连接，可挂在孩子脖子上，不易丢失。

三指手套

埃文基人　俄罗斯雅库特共和国　长27厘米　宽14厘米
驯鹿皮、棉布质

埃文基人传统的手套样式之一，外层为光板驯鹿皮，内层为夹棉，手腕处是黑色棉布，保暖性能好。此类手套专为套鹿设计，为三指构造，在抓握套鹿绳时可以提高手指的灵活性。

皮毛用具

东北亚地区的驯鹿民族在长期与驯鹿生活的过程中充分利用驯鹿、熊、狐狸等动物皮毛制作了大量的生活用具，如皮篓、驮篓、皮褥子、皮包等，既实用又具有很强的民族特色。

中国民族博物馆
东北亚驯鹿民族文化卷

皮毛用具

皮 篓

桦树皮篓

埃文基人　俄罗斯雅库特共和国　盒底直径23厘米
高10厘米　驯鹿皮、桦树皮质

埃文基人传统用具之一，外面包裹一层光板驯鹿皮，上部有束口，可用皮绳收紧，防潮耐用。两侧各有两条皮绳作为拎手，便于取用。

桦树皮篓

埃文基人　俄罗斯雅库特共和国　盒底直径20.5厘米　高11厘米　驯鹿皮、桦树皮质

埃文基人传统用具之一，外面包裹一层光板驯鹿皮，上部有束口，可用皮绳收紧，防潮耐用。两侧各有两条皮绳作为拎手，便于取用。

桦皮篓

鄂温克族　内蒙古自治区根河市敖鲁古雅鄂温克族乡
直径21厘米　高13厘米　桦树皮、驯鹿皮质　敖鲁古雅
鄂温克族驯鹿文化博物馆藏

内部为桦树皮材质,外部包一层驯鹿皮,并且镶嵌红绿
相间的彩色布条。

皮毛用具

驮篓

驯鹿驮篓

埃文基人　俄罗斯雅库特共和国　通长41.5厘米　通宽22厘米　通高27厘米　驯鹿皮、桦树皮质

埃文基人传统运输用具之一，用时悬挂于驯鹿鞍两侧，一般成对使用。外面包裹驯鹿头皮，既防潮耐用，又可减少摩擦，使驯鹿在背驮时较为舒适。口沿处拼接光板驯鹿皮束口，可用皮绳收紧，防止物品掉落。

驯鹿驮篓

鄂温克族　内蒙古自治区根河市敖鲁古雅鄂温克族乡　通长45厘米　通宽15厘米　通高22厘米　桦树皮、驯鹿皮质

鄂温克族传统运输用具之一，用时悬挂于驯鹿鞍两侧，一般成对使用。外面包裹驯鹿头皮，既防潮耐用，又可减少摩擦，使驯鹿在背驮时较为舒适。口沿处拼接光板驯鹿皮束口，可用皮绳收紧，防止物品掉落。

驯鹿驮篓

埃文基人　俄罗斯雅库特共和国　通长42厘米　通宽21厘米　通高26厘米　驯鹿皮、桦树皮质

埃文基人传统运输用具之一，用时悬挂于驯鹿鞍两侧，一般成对使用。外面包裹驯鹿头皮，既防潮耐用，又可减少摩擦，使驯鹿在背驮时较为舒适。口沿处拼接光板驯鹿皮束口，可用皮绳收紧，防止物品掉落。

皮毛用具

驮篓

驯鹿驮篓

鄂温克族　内蒙古自治区根河市敖鲁古雅鄂温克族乡　通长38厘米　通高22厘米　通宽20厘米　桦树皮、驯鹿皮质

鄂温克族传统运输用具之一，用时悬挂于驯鹿鞍两侧，一般成对使用。外面包裹驯鹿头皮，既防潮耐用，又可减少摩擦，使驯鹿在背驮时较为舒适。口沿处拼接光板驯鹿皮束口，可用皮绳收紧，防止物品掉落。

驯鹿驮篓

埃文基人　俄罗斯后贝加尔斯克边疆区克拉区　通长42厘米　通宽21厘米　通高30厘米　驯鹿皮、桦树皮质

埃文基人传统运输用具之一，用时悬挂于驯鹿鞍两侧，一般成对使用。外面包裹驯鹿头皮，既防潮耐用，又可减少摩擦，使驯鹿在背驮时较为舒适。口沿处拼接光板驯鹿皮束口，可用皮绳收紧，防止物品掉落。

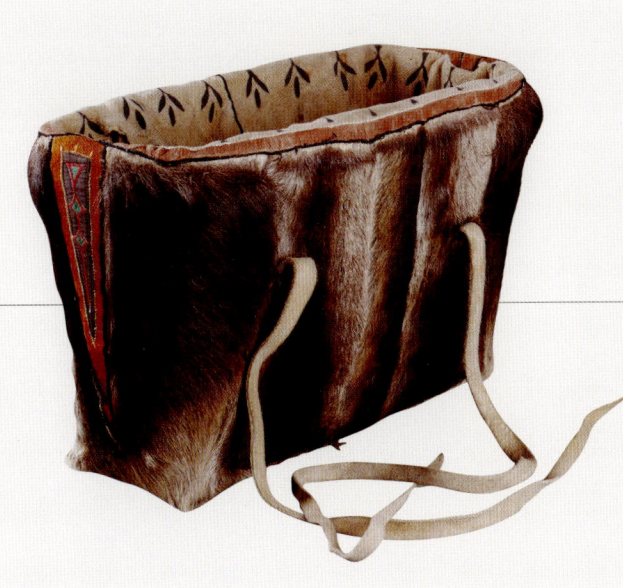

驯鹿驮篓

埃文基人　俄罗斯阿穆尔州　通长52厘米　通宽23厘米　通高34厘米　驯鹿皮、桦树皮质

埃文基人传统运输用具之一，用时悬挂于驯鹿鞍两侧，一般成对使用。外面包裹驯鹿头皮，既防潮耐用，又可减少摩擦，使驯鹿在背驮时较为舒适。口沿处拼接光板驯鹿皮束口，可用皮绳收紧，防止物品掉落。

驯鹿驮篓

埃文基人　俄罗斯阿穆尔州　通长57厘米　通宽32厘米　通高32厘米　驯鹿皮、桦树皮质

埃文基人传统运输用具之一，用时悬挂于驯鹿鞍两侧，一般成对使用。外面包裹驯鹿头皮，既防潮耐用，又可减少摩擦，使驯鹿在背驮时较为舒适；口沿处拼接光板驯鹿皮束口，可用皮绳收紧，防止物品掉落。

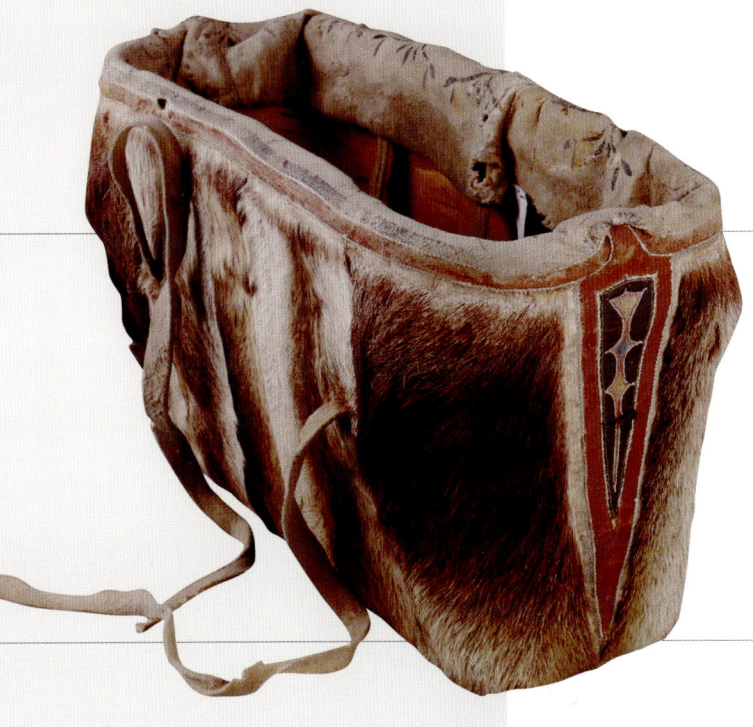

皮毛用具

驮篓

驯鹿驮篓

鄂温克族　内蒙古自治区根河市敖鲁古雅鄂温克族乡　通长43厘米　通宽18厘米　通高21厘米　桦树皮、驯鹿皮质　敖鲁古雅鄂温克族驯鹿文化博物馆藏

鄂温克族传统运输工具，一般两个同时使用，放置于驯鹿脊背两侧驮运物品。内部为桦树皮制作，外部包裹一层驯鹿皮。

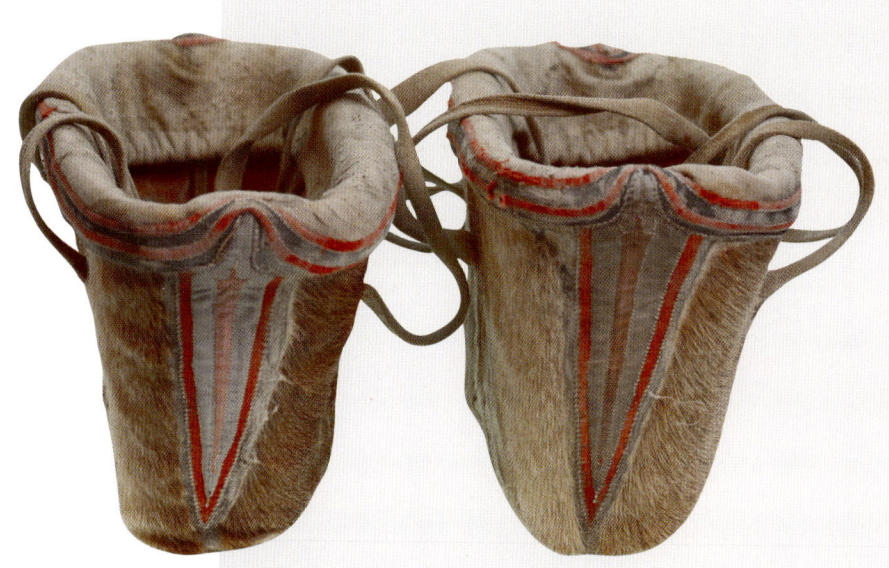

驯鹿驮篓

鄂温克族　内蒙古自治区根河市敖鲁古雅鄂温克族乡　通长40厘米　通宽18厘米　通高22厘米　桦树皮、驯鹿皮质　敖鲁古雅鄂温克族驯鹿文化博物馆藏

鄂温克族传统运输工具，一般两个同时使用，放置于驯鹿脊背两侧驮运物品。内部为桦树皮制作，外部包裹一层驯鹿皮。

驯鹿驮篓

鄂温克族　内蒙古自治区根河市敖鲁古雅鄂温克族乡　通长44厘米　通宽21厘米　通高20厘米　桦树皮、驯鹿皮质　敖鲁古雅鄂温克族驯鹿文化博物馆藏

鄂温克族传统运输工具，一般两个同时使用，放置于驯鹿脊背两侧驮运物品。内部为桦树皮制作，外部包裹一层驯鹿皮。

驯鹿驮篓

鄂温克族　内蒙古自治区根河市敖鲁古雅鄂温克族乡　通长32厘米　通宽16厘米　通高18厘米　桦树皮、驯鹿皮质　敖鲁古雅鄂温克族驯鹿文化博物馆藏

鄂温克族传统运输工具，一般两个同时使用，放置于驯鹿脊背两侧驮运物品。内部为桦树皮制作，外部包裹一层驯鹿皮。

皮毛用具

睡　袋

熊皮睡袋

鄂温克族　内蒙古自治区根河市敖鲁古雅鄂温克族乡　通长140厘米　通宽50厘米　熊皮质　敖鲁古雅鄂温克族驯鹿文化博物馆藏

鄂温克语称"那克塔"，按照鄂温克族传统习俗，熊皮只有男人可以使用。

皮 被

熊皮被

埃文基人　俄罗斯阿穆尔州　长185厘米　宽138厘米
熊皮质

埃文基人传统卧具，使用三张熊皮制作而成，皮毛浓密而厚实。熊皮在埃文基人传统习俗中只允许男人使用。

狍猁皮被

埃文基人　俄罗斯阿穆尔州
长190厘米　宽110厘米　狍猁皮质

埃文基人传统卧具，使用四张狍猁皮制作而成，因使用时间较长，皮毛磨损较为严重。

皮毛用具

皮　垫

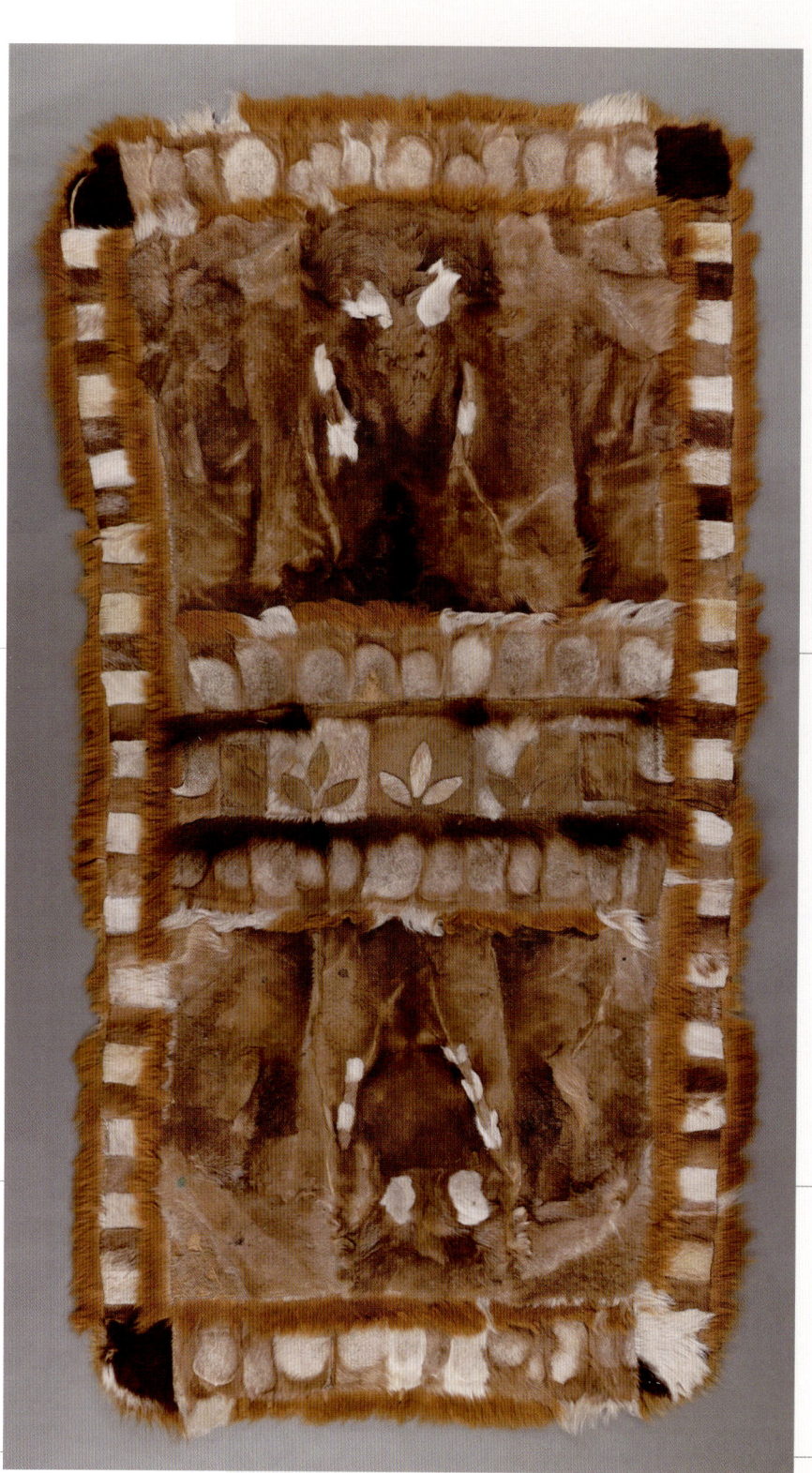

皮褥

埃文基人　俄罗斯雅库特共和国　长129厘米　宽67厘米　驯鹿皮质

埃文基人传统卧具，主体部分使用驯鹿头皮缝制，中间部分使用皮毛镶嵌三叶草等植物纹样，边缘饰有棕色皮毛出锋。

皮垫

埃文基人　俄罗斯雅库特共和国　长50厘米　宽30厘米　驯鹿皮、猞猁毛、狐狸毛质等

埃文基人传统卧具，中间串珠装饰菱形图案，四周为灰色、棕色猞猁毛、狐狸毛出锋。

皮垫

埃文基人　俄罗斯雅库特共和国　长49厘米　宽30厘米　驯鹿皮质

埃文基人传统卧具，使用深浅不均的棕褐色驯鹿皮拼接而成，边缘部位白色出锋为驯鹿颈下鬃毛制作。

皮毛用具

皮　垫

皮垫子

涅吉达尔人　俄罗斯远东地区　长168厘米　宽110厘米　兽皮质

涅吉达尔人传统卧具，采用多种兽皮拼接而成，主要有熊皮、驯鹿皮、紫貂皮等。

皮垫

埃文基人　俄罗斯远东地区　长90厘米　宽59厘米　驯鹿皮、狐狸皮质

埃文基人传统卧具,采用驯鹿头部皮毛拼接而成,垫子两端镶嵌两条半圆形二方连续图案珠绣装饰,四周镶嵌有棕色狐狸皮毛出锋。

皮毛用具

皮　垫

皮垫

埃文基人　俄罗斯雅库特共和国　长140厘米　宽89厘米　驯鹿头皮、奶牛皮质

埃文基人传统卧具，由两张野生驯鹿头皮对称缝制，中间缀有奶牛皮拼缝的几何图案，此类卧具可当坐垫，也可铺于床上作为褥子使用。

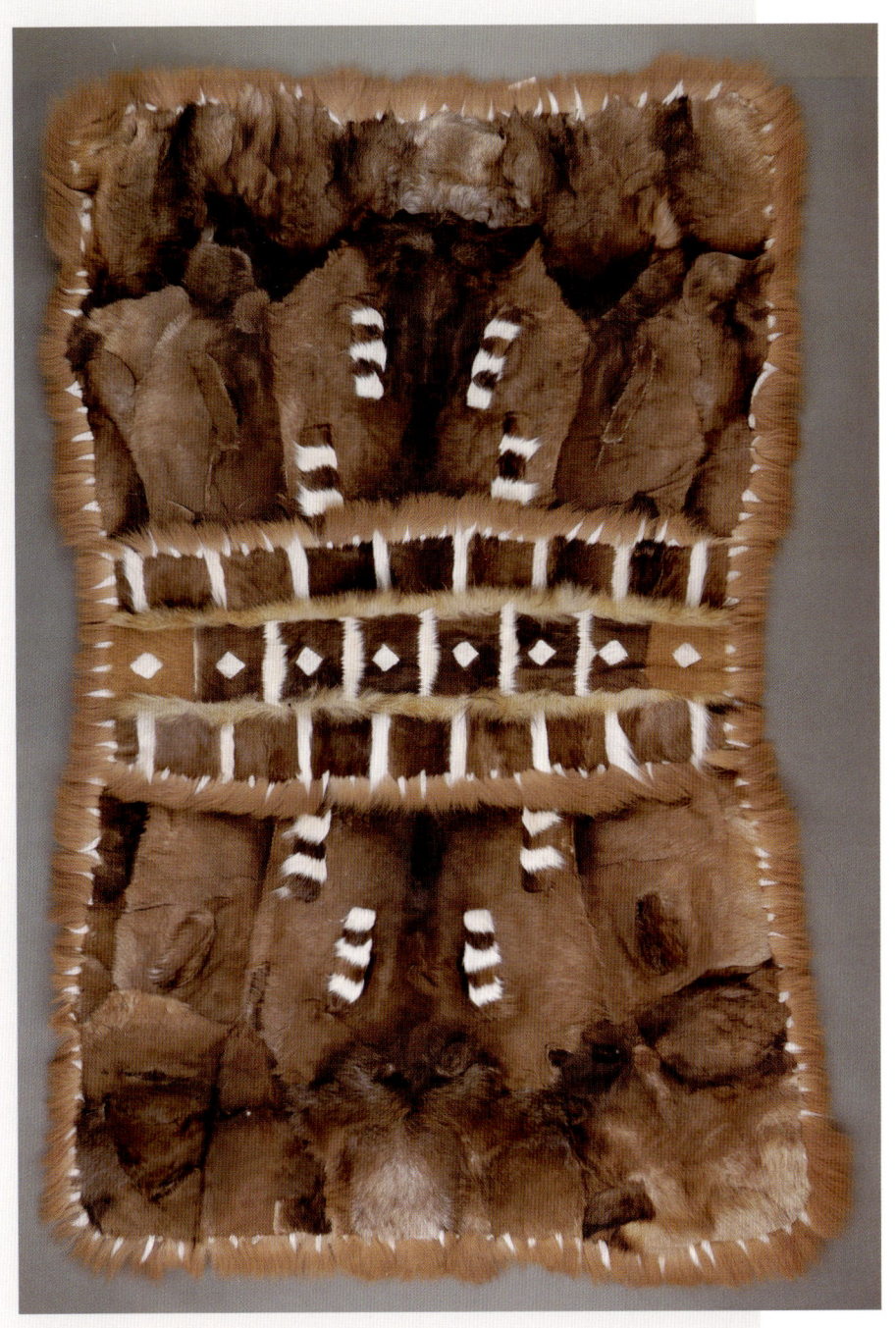

皮垫

埃文基人　俄罗斯阿穆尔州　长125厘米　宽76厘米　驯鹿皮质

埃文基人传统卧具，两侧为驯鹿头部皮毛制作。

皮毛用具

皮　垫

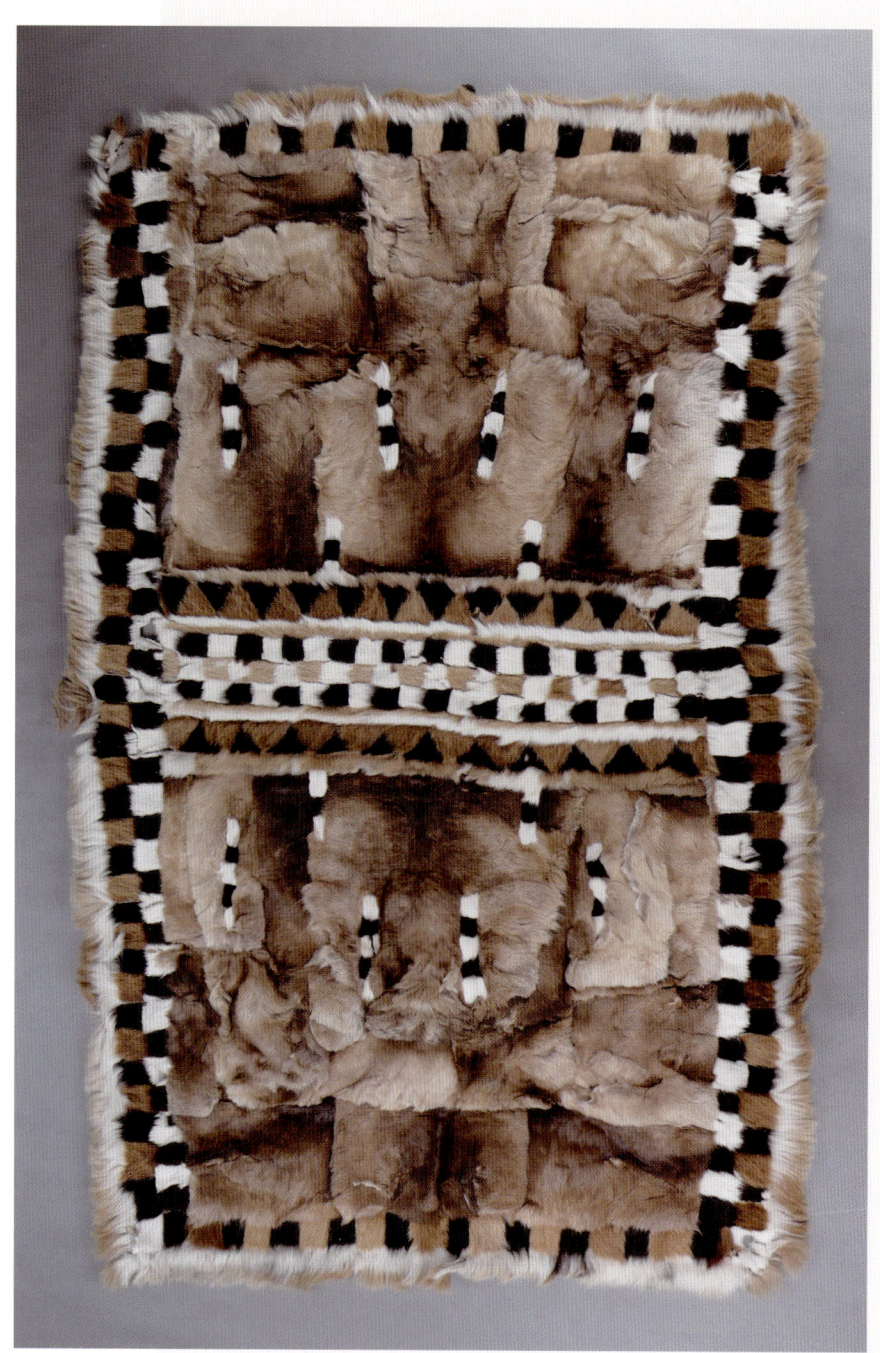

皮垫

埃文基人　俄罗斯布里亚特共和国北贝加尔斯克　长170厘米　宽110厘米　驯鹿皮质

埃文基人传统卧具，主要用驯鹿头部皮毛制作而成。

皮垫

埃文基人　俄罗斯阿穆尔州　长120厘米　宽62厘米　驯鹿皮质

埃文基人传统卧具。据物主介绍，此件卧具制作于20世纪初。

皮毛用具

皮 垫

皮褥

埃文基人　俄罗斯阿穆尔州　长200厘米　宽106厘米　驯鹿皮质

埃文基人传统卧具，系用褐黄相间的驯鹿头部皮毛拼接而成。

皮垫

埃文基人　俄罗斯雅库特共和国　长150厘米　宽63厘米　驯鹿皮、熊皮质等

埃文基人传统卧具，垫子两边镶嵌的四叶草图案为鄂温克族常用的装饰纹样之一，边缘深褐色出锋为熊皮毛。

皮毛用具

皮 垫

皮垫

埃文基人　俄罗斯雅库特共和国　长52厘米　宽12厘米　驯鹿皮质

埃文基人传统卧具，为驯鹿头部皮毛制成。

皮垫

埃文基人　俄罗斯阿穆尔州乌斯其维克拉村　长155厘米　宽70厘米　驯鹿皮质

埃文基人传统卧具，使用三张驯鹿头部皮毛拼接而成。

皮垫

埃文基人　俄罗斯后贝加尔斯克边疆区通戈科琴
长110厘米　宽100厘米　驯鹿皮质

埃文基人传统用品之一，一般作为坐垫使用。

皮褥

埃文基人　俄罗斯阿穆尔州　长208厘米　宽80厘米　驼鹿皮质

埃文基人传统卧具，此类卧具可以当坐垫使用，也可以作为褥子使用。

皮毛用具

皮 垫

皮垫

埃文基人　俄罗斯阿穆尔州乌斯其纽可让　长162厘米
最宽70厘米　最窄59厘米　驯鹿皮质

埃文基人传统卧具，使用多张驯鹿头部皮毛拼接而成，此类卧具既可以作为坐垫，也可充当褥子使用。

皮褥

埃文基人　俄罗斯阿穆尔州乌斯其维克拉村　长150厘米　宽68厘米　驯鹿皮质

镶嵌有白色驯鹿纹图案，为埃文基人常用装饰图案之一。

皮垫

埃文基人　俄罗斯后贝加尔斯克边疆区通戈科琴　长195厘米　宽75厘米　驯鹿腿皮质

埃文基人传统卧具，使用二十多头驯鹿的腿部皮毛拼接而成。

皮毛用具

皮 垫

方形皮垫

埃文基人　俄罗斯后贝加尔斯克边疆区通戈科琴　长53厘米　宽50厘米　驯鹿腿皮质

埃文基人传统用具，使用驯鹿腿部皮毛手工拼接而成，周边镶嵌十字纹图案。

皮垫

埃文基人　俄罗斯雅库特共和国　长77厘米　宽75厘米　驯鹿皮质

埃文基人传统用品，采用皮毛镶嵌工艺装饰四个圆形图案，并且分别在此四个圆形图案的中心拼贴驯鹿纹样。

皮毛用具

皮 垫

皮垫

埃文基人　俄罗斯远东地区　长42厘米　宽45厘米　驯鹿皮质

埃文基人传统用品，采用整张驯鹿头皮制作而成，眼睛及鹿角部位嵌有彩色珠绣图案。

双联坐垫

埃文基人　俄罗斯布里亚特共和国北贝加尔斯克　长80厘米　最窄处宽29厘米　驯鹿皮质

埃文基人传统用品，采用拼接工艺制作而成。

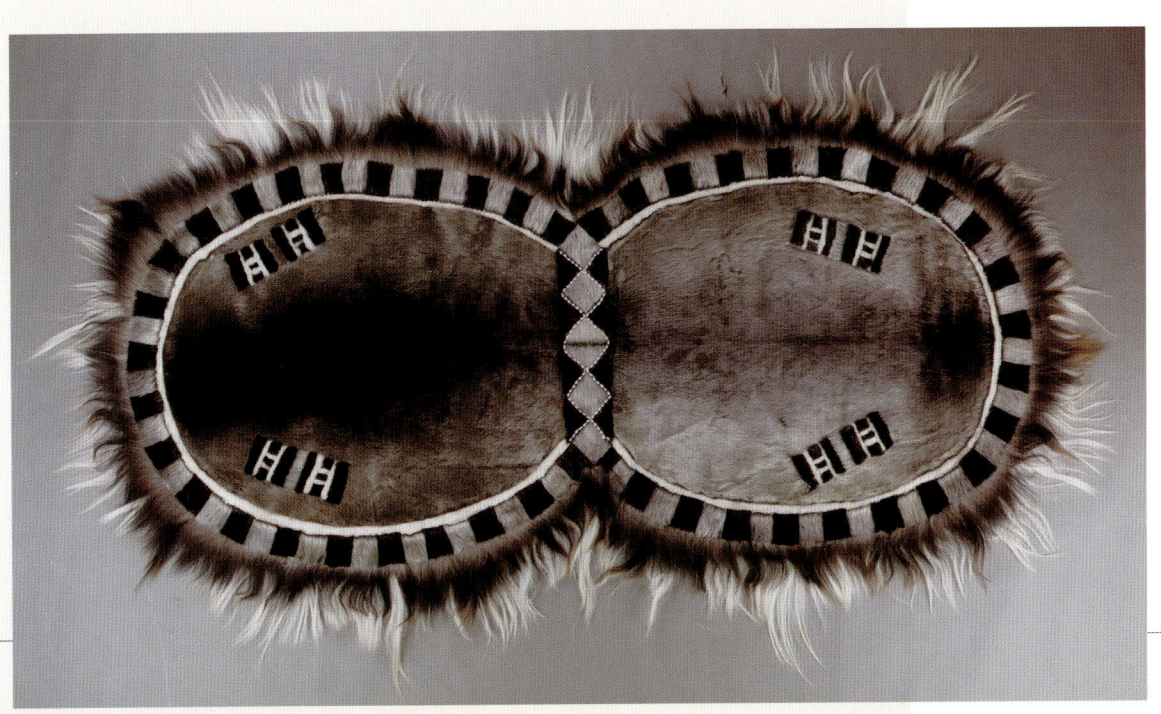

双联皮垫

埃文基人　俄罗斯布里亚特共和国北贝加尔斯克　长180厘米　最窄处宽50厘米　海豹皮质

埃文基人传统卧具，使用两头贝加尔湖海豹皮毛手工制作而成。

皮毛用具

皮 垫

圆形皮垫

涅吉达尔人　俄罗斯远东地区　直径92厘米　禽、兽皮质

涅吉达尔人传统卧具，使用野鸭皮毛、驯鹿皮毛、狐狸皮毛、熊皮毛、紫貂皮毛等禽兽皮毛从中心以放射状环形方式拼缝而成。据物主介绍，此件皮垫收集材料历时三年，手工制作费时两年。

圆形皮垫

埃文基人　俄罗斯阿穆尔州
直径64厘米　驯鹿皮质

埃文基人传统用品，使用驯鹿腿部皮毛拼接而成。

圆形皮垫

埃文基人　俄罗斯后贝加尔斯克边疆区通戈科琴　直径44厘米　驯鹿皮质

埃文基人传统用品，采用拼接工艺制作而成。

圆形皮垫

埃文基人　俄罗斯后贝加尔斯克边疆区通戈科琴　直径52厘米　驯鹿皮质

埃文基人传统用品，采用镶嵌工艺装饰内外两圈白色出峰。

皮毛用具

皮 垫

圆形皮垫

埃文基人　俄罗斯后贝加尔斯克边疆区通戈科琴　直径48厘米　驯鹿皮质

埃文基人传统坐具，运用镶嵌、拼贴等工艺装饰多种几何图案和兽毛出峰。

圆形皮垫

埃文基人　俄罗斯后贝加尔斯克边疆区通戈科琴　直径50厘米　驯鹿皮质

埃文基人传统坐具，运用镶嵌、拼贴等工艺装饰多种几何图案和兽毛出峰。

椭圆形皮垫

埃文基人　俄罗斯布里亚特共和国乌兰乌德市　长径37厘米　短径30厘米　驯鹿皮质

埃文基人传统坐具，运用镶嵌工艺装饰兽毛出峰。

圆形皮垫

埃文基人　俄罗斯布里亚特共和国乌兰乌德市　直径34厘米　驯鹿皮质

埃文基人传统坐具，运用镶嵌、拼贴等工艺装饰几何图案和兽毛出峰。

皮毛用具

皮 垫

菱形皮垫

埃文基人　俄罗斯布里亚特共和国乌兰乌德市　长对角线50厘米　短对角线40厘米　驯鹿皮质

埃文基人传统坐具，运用镶嵌、拼贴等工艺装饰多种几何图案及兽毛出锋。

方形皮垫

埃文基人　俄罗斯布里亚特共和国乌兰乌德市　边长36厘米　驯鹿皮质

埃文基人传统坐具，运用镶嵌、拼贴等工艺装饰多种几何图案及兽毛出锋。

圆形皮垫

埃文基人　俄罗斯布里亚特共和国北贝加尔斯克　直径40厘米　驯鹿皮质

埃文基人传统坐具，运用镶嵌、拼贴等工艺装饰多种几何图案及兽毛出锋。

圆形皮垫

埃文基人　俄罗斯布里亚特共和国北贝加尔斯克　直径26厘米　驯鹿皮质

埃文基人传统坐具，运用镶嵌、拼贴等工艺黑褐色皮毛镶嵌六角形图案，边缘镶嵌三层不同颜色的兽毛出锋。

皮毛用具

皮 包

皮包

埃文基人　俄罗斯阿穆尔州　长62厘米
宽24厘米　高27厘米　驼鹿皮质

埃文基人传统皮包样式之一。

皮包

埃文基人　俄罗斯阿穆尔州　长36厘米　宽25厘米　驯鹿皮质

埃文基人传统用品，其正面翻盖为黑色帆布材质，其上运用刺绣、拼贴等工艺饰有缠枝纹、驯鹿皮等装饰。

皮包

埃文基人 俄罗斯阿穆尔州 长60厘米 宽35厘米 高30厘米 驯鹿皮质

埃文基人传统皮包样式之一,上部口沿处拼接光板驯鹿皮作为束口,可用皮绳收紧,两侧有皮绳作为提手。此类皮包可套在桦树皮篓外面使用,也可单独使用。

皮包

埃文基人 俄罗斯阿穆尔州 长60厘米 宽35厘米 高33厘米 驯鹿皮质

埃文基人传统皮包样式之一。

皮毛用具

皮 包

鱼皮包

埃文基人　俄罗斯阿穆尔州乌斯
其纽可让　长31厘米　宽20厘米
鱼皮质

埃文基人传统皮包样式，采用多块鱼皮拼接而成。据物主介绍，此包制作于20世纪初。

皮包

鄂温克族　内蒙古自治区根河市敖鲁古雅鄂温克族乡　长42厘米　宽35厘米　驯鹿皮质　敖鲁古雅鄂温克族驯鹿文化博物馆藏

为木工使用的工具包。

皮包

鄂温克族　内蒙古自治区根河市敖鲁古雅鄂温克族乡　高22厘米　宽25厘米　狍皮质

鄂温克族传统皮包样式之一，正面采用刺绣工艺装饰变形云纹图案，为其传统图案样式。

皮毛用具

皮 包

皮包

埃文基人　俄罗斯阿穆尔州　长37厘米　宽28厘米　高74厘米　驯鹿皮质

埃文基人传统皮包样式之一，采用镶嵌、拼贴等工艺饰有多种集合图案及圆形串珠图案。

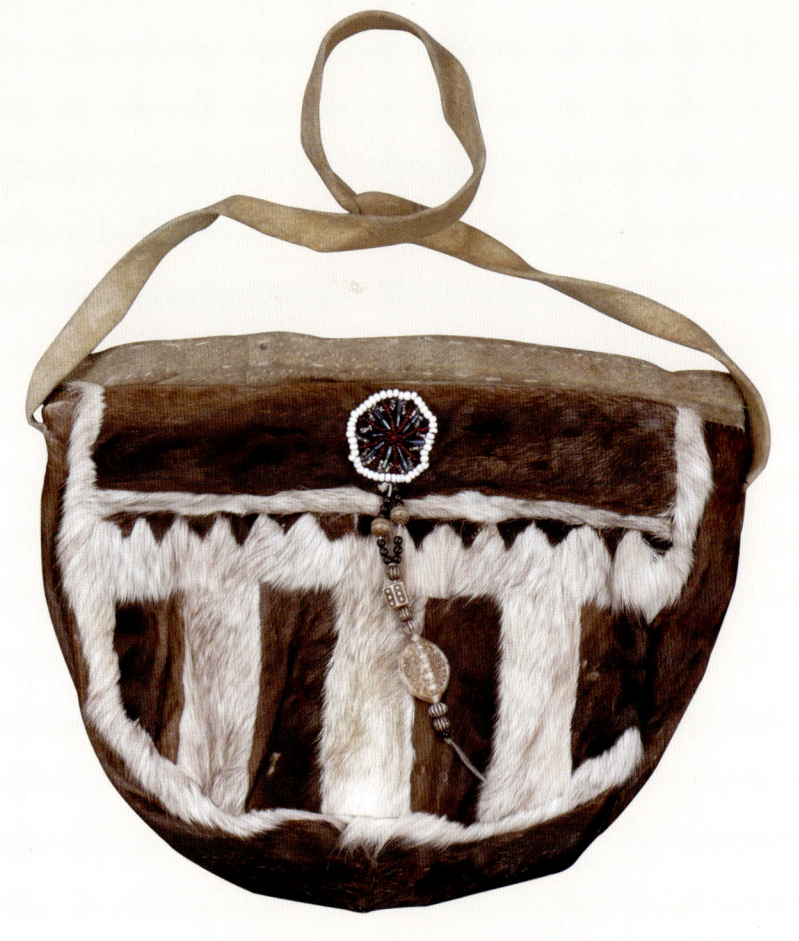

皮书包

鄂温克族　内蒙古自治区根河市敖鲁古雅鄂温克族乡　长24厘米　宽20厘米　驼鹿皮质　敖鲁古雅鄂温克族驯鹿文化博物馆藏

鄂温克语称"卡皮",为学生使用的书包。

皮毛用具

皮 包

皮书包

鄂温克族　内蒙古自治区根河市敖鲁古雅鄂温克族乡　长24厘米　宽20厘米
驼鹿皮质　敖鲁古雅鄂温克族驯鹿文化博物馆藏

鄂温克语称"卡皮",为学生使用的书包。

皮书包

鄂温克族 内蒙古自治区根河市敖鲁古雅鄂温克族乡 长26厘米 宽21厘米 驼鹿皮质 敖鲁古雅鄂温克族驯鹿文化博物馆藏

鄂温克语称"卡皮",为学生使用的书包。

皮书包

鄂温克族 内蒙古自治区根河市敖鲁古雅鄂温克族乡 长24.5厘米 宽21厘米 驼鹿皮质 敖鲁古雅鄂温克族驯鹿文化博物馆藏

鄂温克语称"卡皮",为学生使用的书包。

皮毛用具

工具袋

工具袋

鄂温克族　内蒙古自治区根河市敖鲁古雅鄂温克族乡　长30厘米　宽11厘米　驯鹿皮质　敖鲁古雅鄂温克族驯鹿文化博物馆藏

鄂温克族传统用品之一，为游猎时放置餐具的皮口袋。

工具袋

鄂温克族　内蒙古自治区根河市敖鲁古雅鄂温克族乡　长31厘米　宽15厘米　驼鹿皮质　敖鲁古雅鄂温克族驯鹿文化博物馆藏

鄂温克族传统用品之一，为盛放生活用具的工具袋。

工具袋

鄂温克族　内蒙古自治区根河市敖鲁古雅鄂温克族乡　长59厘米　宽13厘米　驯鹿皮质　敖鲁古雅鄂温克族驯鹿文化博物馆藏

鄂温克族传统用具之一,用于盛放和面铲等生活用品。

餐具袋

鄂温克族　内蒙古自治区根河市敖鲁古雅鄂温克族乡　长28厘米　宽13厘米　驼鹿皮质　敖鲁古雅鄂温克族驯鹿文化博物馆藏

鄂温克语称"劳什克如",用于盛放筷子、勺子等餐具。

皮毛用具

盐 袋

盐袋

鄂温克族　内蒙古自治区根河市敖鲁古雅鄂温克族乡　长26.5厘米　宽14厘米　驼鹿皮、驯鹿蹄角质　敖鲁古雅鄂温克族驯鹿文化博物馆藏

鄂温克语称"图日库如",给驯鹿喂盐巴时使用此口袋。

盐袋

鄂温克族　内蒙古自治区根河市敖鲁古雅鄂温克族乡　长13厘米　宽6厘米　高23厘米　驼鹿皮、驯鹿蹄角质　敖鲁古雅鄂温克族驯鹿文化博物馆藏

鄂温克语称"图日库如",给驯鹿喂盐巴时使用。

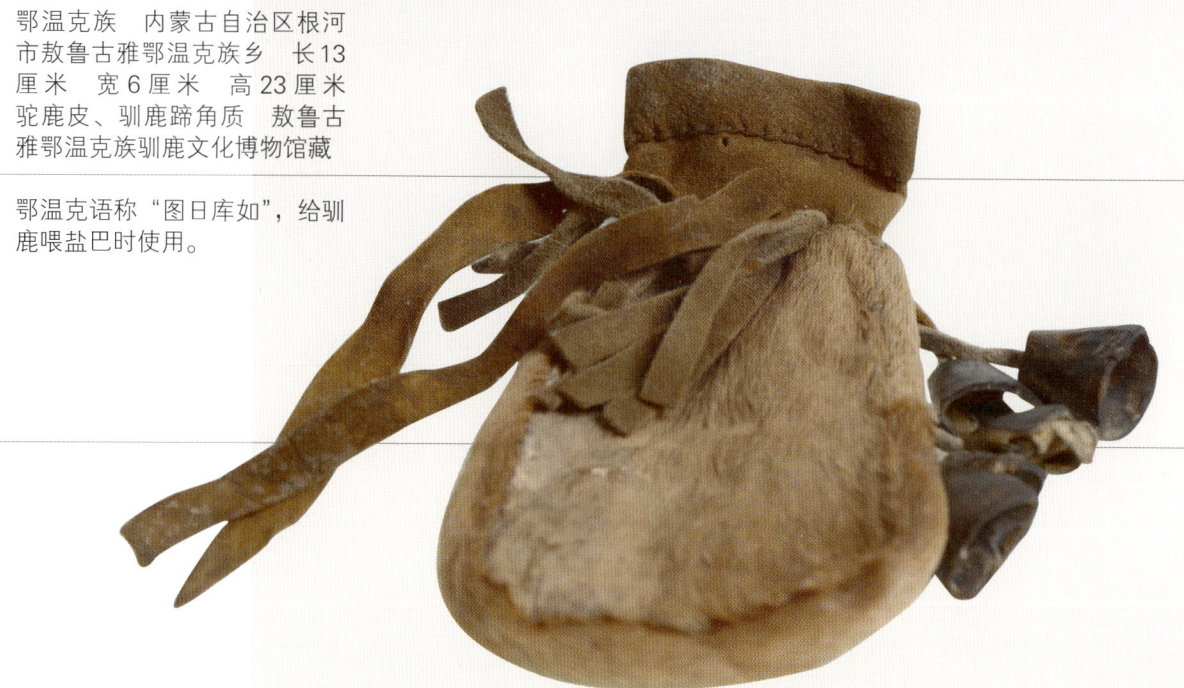

盐袋

鄂温克族　内蒙古自治区根河市敖鲁古雅鄂温克族乡　长15厘米　宽7.5厘米　驯鹿皮、驯鹿蹄角质　敖鲁古雅鄂温克族驯鹿文化博物馆藏

鄂温克语称"图日库如"，给驯鹿喂盐巴时使用的口袋。

盐袋

鄂温克族　内蒙古自治区根河市敖鲁古雅鄂温克族乡　长18厘米　宽10厘米　驯鹿皮质

鄂温克族传统驯鹿养殖用具，驯鹿在成长过程中因生理需求，需定期食用一定量盐巴。此盐袋口沿处用多条皮绳连缀若干驯鹿蹄匣，主人喂盐时摇晃蹄匣而发出清脆响声，驯鹿听到此声响便产生条件反射，纷纷簇拥到主人面前。

皮毛用具

盐 袋

盐袋

鄂温克族　内蒙古自治区根河市敖鲁古雅鄂温克族乡　长18厘米　宽10厘米　驯鹿皮质

鄂温克族传统驯鹿养殖用具，驯鹿在成长过程中因生理需求，需定期食用一定量盐巴。此盐袋口沿处用多条皮绳连缀若干驯鹿蹄匣，主人喂盐时摇晃蹄匣而发出清脆响声，驯鹿听到此声响便产生条件反射，纷纷簇拥到主人面前。

盐袋

埃文基人　俄罗斯雅库特共和国　长24厘米　宽11厘米　驯鹿皮质

埃文基人传统驯鹿养殖用具，驯鹿在成长过程中因生理需求，需定期食用一定量盐巴。此盐袋口沿处用多条皮绳连缀若干驯鹿蹄匣，主人喂盐时摇晃蹄匣而发出清脆响声，驯鹿听到此声响便产生条件反射，纷纷簇拥到主人面前。

盐袋

埃文基人　俄罗斯雅库特共和国　长20厘米　宽12.5厘米
帆布质

埃文基人传统驯鹿养殖用具，驯鹿在成长过程中因生理需求，需定期食用一定量盐巴。此盐袋口沿处缀若干驯鹿蹄匣，主人喂盐时摇晃蹄匣而发出清脆响声，驯鹿听到此声响便产生条件反射，纷纷簇拥到主人面前。

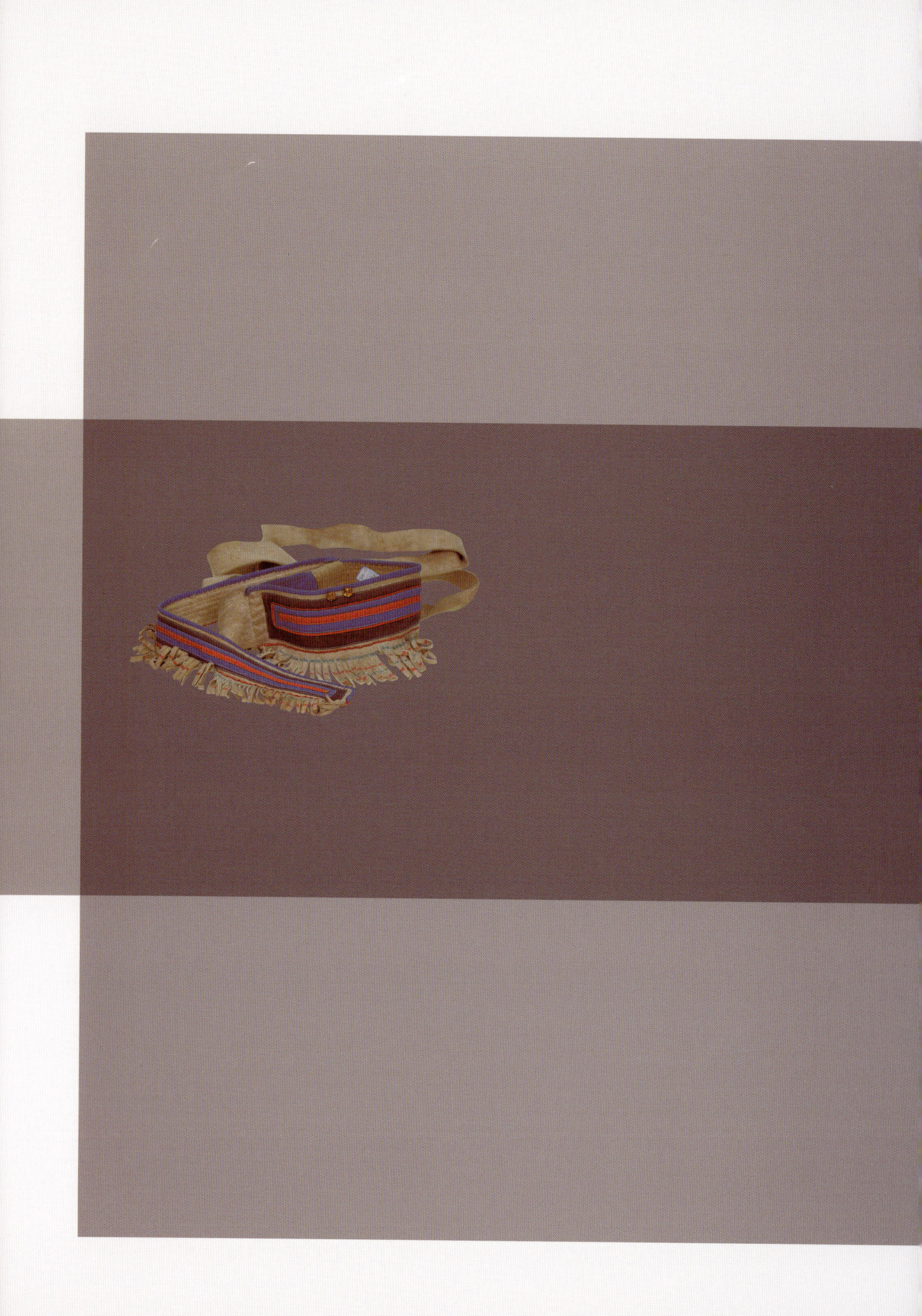

驯鹿鞍具

东北亚地区的驯鹿民族在与驯鹿和谐相处的过程中,驯鹿既作为人们的食物来源,同时也是人们重要的交通运输工具,因此驯鹿鞍、鞍垫等鞍具成为其重要的生活用品之一。其中驯鹿鞍根据用途的不同又分为骑乘鞍具和运输鞍具。

中国民族博物馆
东北亚驯鹿民族文化卷

驯鹿鞍具

鹿 鞍

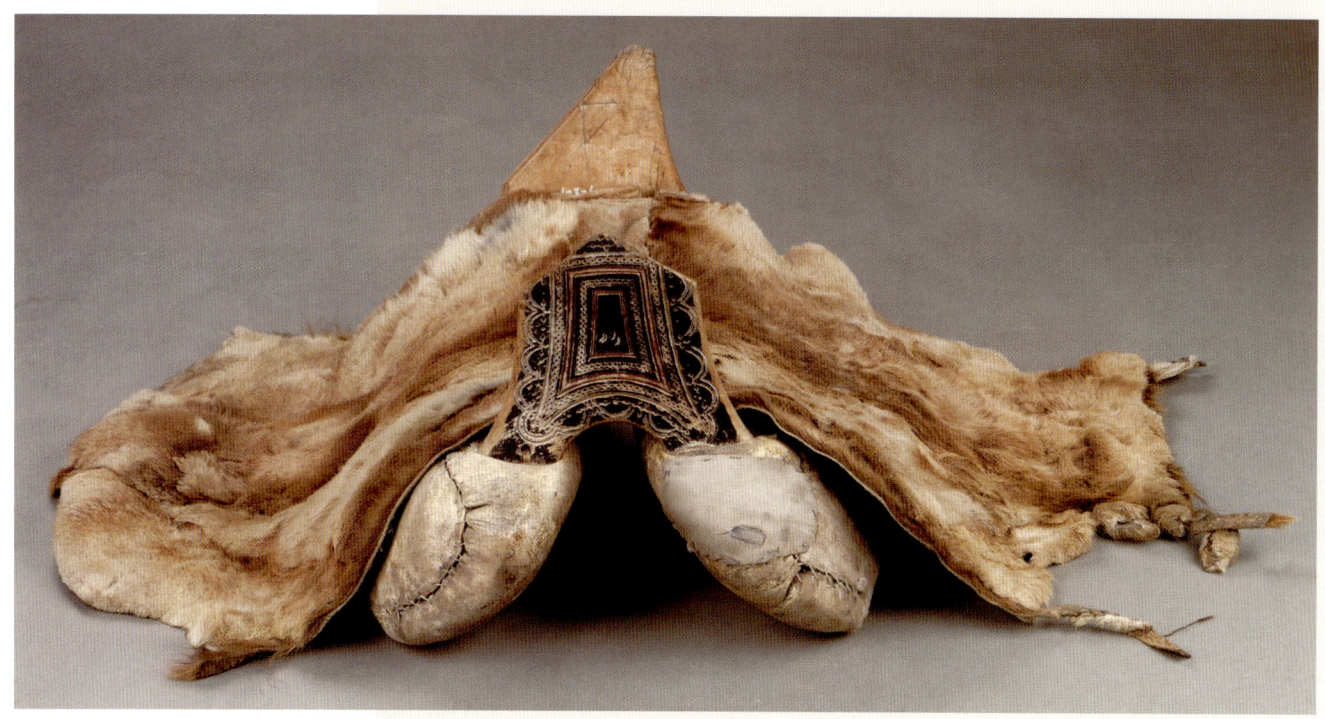

驯鹿鞍

埃文基人　俄罗斯雅库特共和国　鞍架：长47厘米　宽20厘米　高24.5厘米
鞍垫：长81厘米　宽40厘米　木、驯鹿皮质

埃文基人传统鞍具，前后鞍鞒饰有木刻彩绘，两侧鞍架内填充棉花，外包光板驯鹿皮；鞍垫为两头驯鹿头部皮毛制作而成。据物主介绍，此形制鹿鞍一般为男人使用。

驯鹿鞍

埃文基人　俄罗斯雅库特共和国　长60厘米　宽47厘米　高20厘米
木、驯鹿皮质

外包整块驯鹿头部皮毛作为鞍垫,为鄂温克族传统的鹿鞍形制。

驯鹿鞍具

鹿 鞍

驯鹿鞍

埃文基人　俄罗斯雅库特共和国　鞍架长59厘米
宽42厘米　高15厘米　木、驯鹿皮质

外包整块驯鹿头部皮毛作为鞍垫，为埃文基人传统的鹿鞍形制。

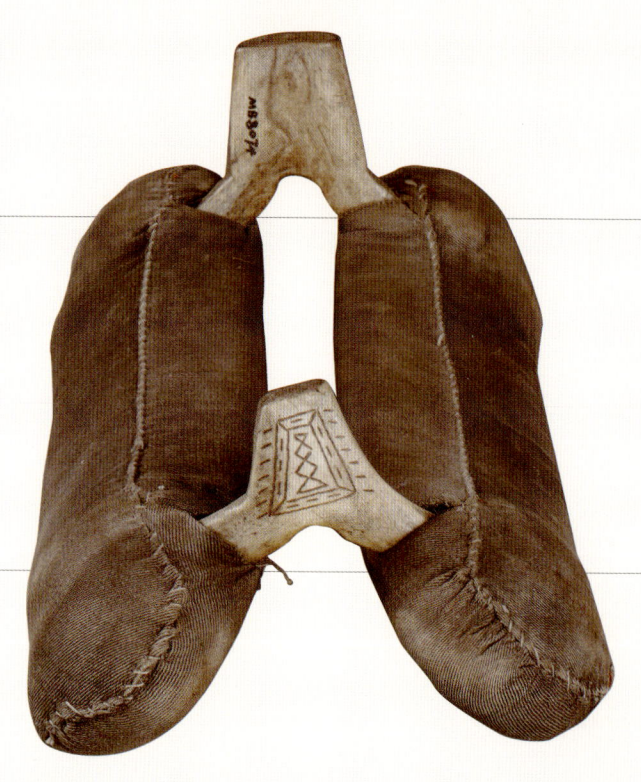

驯鹿鞍

埃文基人　俄罗斯雅库特共和国
长46厘米　宽25厘米　高18厘米
驯鹿角、棉麻纤维质

棉布软垫包裹驯鹿角骨架，前后鞍鞒露出并雕刻几何图案，是骑乘驯鹿的必备用具。

驯鹿鞍

鄂温克族　内蒙古自治区根河市敖鲁古雅鄂温克族乡　长82厘米　宽45厘米　木、驯鹿皮质

驯鹿是鄂温克族传统的交通运输工具,因此鹿鞍是非常重要的用具之一。

驯鹿鞍具

鹿 鞍

驯鹿鞍

埃文基人　俄罗斯雅库特共和国　长46厘米
宽25厘米　高18厘米　骨角质、驯鹿皮质

光板驯鹿皮缝制软垫包裹驯鹿角鞍鞒，是骑乘驯鹿的必备用具。

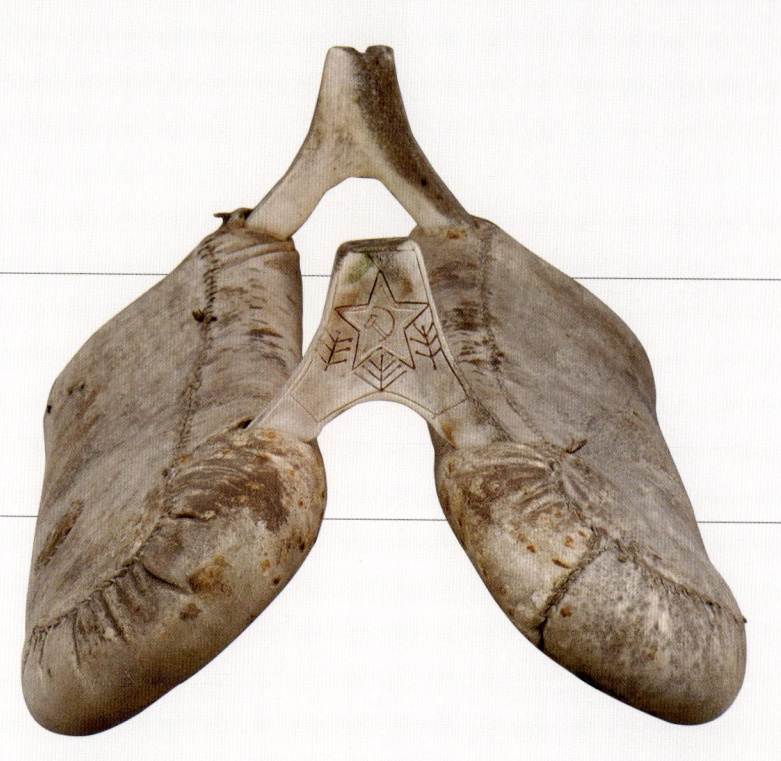

驯鹿鞍

埃文基人　俄罗斯雅库特共和国　长50厘米　宽31厘米　高25.4厘米　皮革、骨角质

光板驯鹿皮缝制软垫包裹骨质鞍鞒，前后骨架露出，并刻有五角星等几何图案。

驯鹿鞍

埃文基人　俄罗斯阿穆尔州乌斯其纽可让　长59厘米　宽45厘米　高22厘米　骨、木质

由木板、木条及驯鹿骨组装而成，用皮绳捆绑固定，此类驯鹿鞍主要用于运输。

驯鹿鞍具

鹿 鞍

驯鹿鞍

埃文基人　俄罗斯阿穆尔州乌斯其纽可让　长56厘米　宽40厘米　高19厘米　角骨、驯鹿皮质

外部包裹帆布作为鞍垫，主要用于运输物品。

驯鹿鞍

埃文基人　俄罗斯阿穆尔州乌斯其纽可让　长56.5厘米　宽40厘米　高23.5厘米　骨、驯鹿皮质

前后鞍鞒为驯鹿骨，两侧的驯鹿皮软垫皮毛在内，使得鞍子柔软而厚实，此类驯鹿鞍主要用于运输。

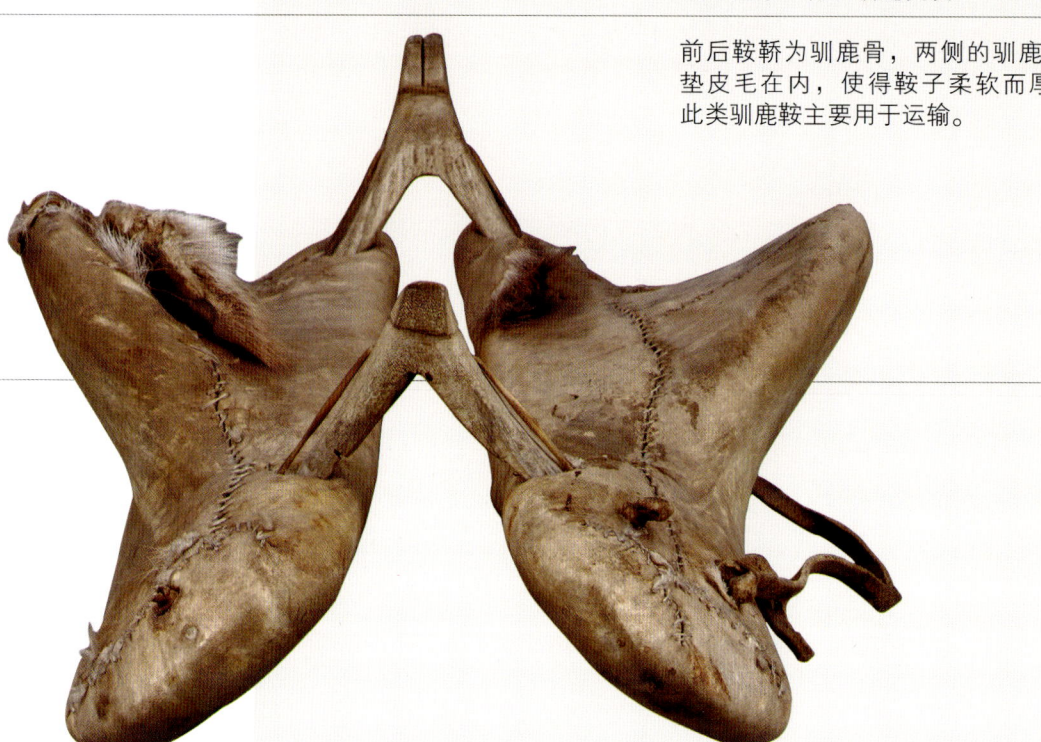

驯鹿鞍

鄂温克族　内蒙古自治区根河市敖鲁古雅鄂温克族乡　长48厘米　宽24厘米　高20厘米　木、皮革、棉麻纤维质等　敖鲁古雅鄂温克族驯鹿文化博物馆藏

鄂温克语称"鄂莫恩",驯鹿为鄂温克族传统交通运输工具,驯鹿鞍为骑乘驯鹿的重要用具。

驯鹿鞍

鄂温克族　内蒙古自治区根河市敖鲁古雅鄂温克族乡　长47厘米　宽20厘米　高19厘米　木、皮革、棉麻纤维质　敖鲁古雅鄂温克族驯鹿文化博物馆藏

鄂温克语称"鄂莫恩",驯鹿为鄂温克族传统交通运输工具,驯鹿鞍为骑乘驯鹿的重要用具。

驯鹿鞍具

鹿 鞍

驯鹿鞍

鄂温克族　内蒙古自治区根河市敖鲁古雅鄂温克族乡　长47厘米　宽20厘米　高19厘米　木、皮革、棉麻纤维质　敖鲁古雅鄂温克族驯鹿文化博物馆藏

鄂温克语称"鄂莫恩"，驯鹿为鄂温克族传统交通运输工具，驯鹿鞍为骑乘驯鹿的重要用具。

骨质鹿鞍

鄂温克族　内蒙古自治区根河市敖鲁古雅鄂温克族乡　长43厘米　宽22厘米　高16厘米　驼鹿骨、皮革、棉麻纤维质　敖鲁古雅鄂温克族驯鹿文化博物馆藏

鄂温克语称"鄂莫恩"，骨架为驼鹿骨制成，为驮载玛鲁神之用。

驯鹿鞍

鄂温克族　内蒙古自治区根河市敖鲁古雅鄂温克族乡　鞍架：长38厘米　宽28厘米　高20厘米　皮垫：长60厘米　宽38厘米　驼鹿骨、皮革、棉麻纤维质　敖鲁古雅鄂温克族驯鹿文化博物馆藏

鄂温克语称"鄂莫恩"，骨架为驼鹿骨制作。驯鹿为鄂温克族传统交通运输工具，驯鹿鞍为骑乘驯鹿的重要用具。

驯鹿鞍

鄂温克族　内蒙古自治区根河市敖鲁古雅鄂温克族乡　长49厘米　宽27厘米　高17厘米　木、棉麻纤维质　敖鲁古雅鄂温克族驯鹿文化博物馆藏

鄂温克语称"鄂莫恩"，木制鞍架，为头鹿鹿鞍，用作驮玛鲁神。

驯鹿鞍具

鹿 鞍

驯鹿鞍

鄂温克族　内蒙古自治区根河市敖鲁古雅鄂温克族乡　鞍架：长49厘米　宽21厘米　高21厘米　鞍垫：长78厘米　宽52厘米　木、皮革质　敖鲁古雅鄂温克族驯鹿文化博物馆藏

鄂温克语称"鄂莫恩",木制鞍架,为头鹿鹿鞍,用作驮玛鲁神。

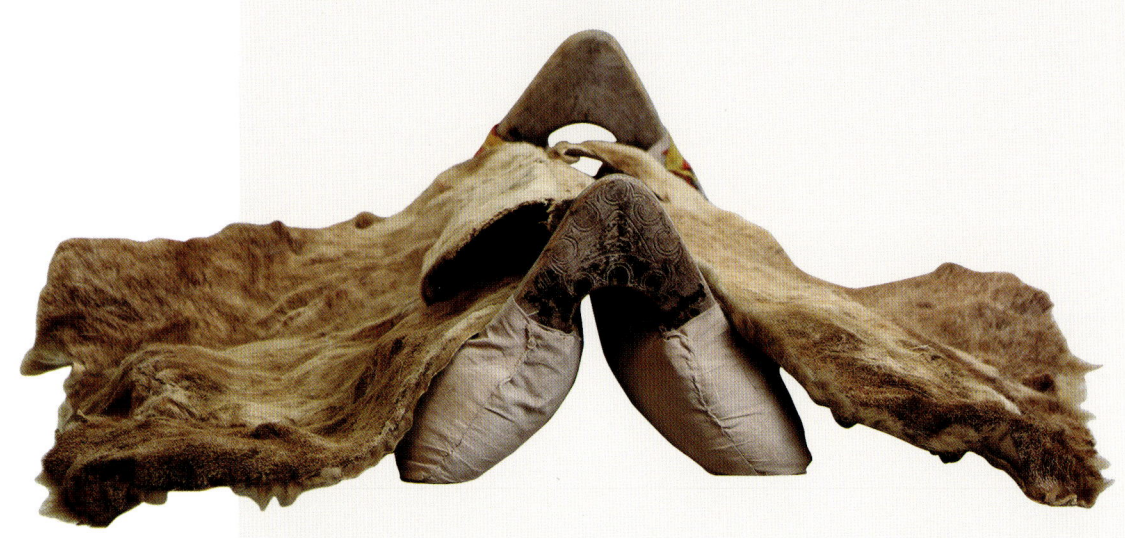

驯鹿鞍

鄂温克族　内蒙古自治区根河市敖鲁古雅鄂温克族乡　鞍架：长47厘米　宽28厘米　高25厘米　鞍垫：长86厘米　宽46厘米　皮革、棉麻纤维质　敖鲁古雅鄂温克族驯鹿文化博物馆藏

鄂温克语称"鄂莫恩",木质骨架。驯鹿为鄂温克族传统交通运输工具,驯鹿鞍为骑乘驯鹿的重要用具。

驯鹿鞍鞒

鄂温克族　内蒙古自治区根河市敖鲁古雅鄂温克族乡　长27厘米　宽2厘米　高17厘米　木质　敖鲁古雅鄂温克族驯鹿文化博物馆藏

为驯鹿鞍两端的鞍鞒。

鞍鞒

鄂温克族　内蒙古自治区根河市敖鲁古雅鄂温克族乡　长27.5厘米　宽1.8厘米　高16厘米　木质　敖鲁古雅鄂温克族驯鹿文化博物馆藏

为驯鹿鞍两端的鞍鞒。

驯鹿鞍具

鞍 垫

驯鹿鞍垫

鄂温克族　内蒙古自治区根河市敖鲁古雅鄂温克族乡　长93厘米　宽51厘米　驼鹿皮质　敖鲁古雅鄂温克族驯鹿文化博物馆藏

鄂温克语称"呼玛兰"。

驯鹿鞍垫

鄂温克族　内蒙古自治区根河市敖鲁古雅鄂温克族乡　长43厘米　宽31厘米　驼鹿皮质　敖鲁古雅鄂温克族驯鹿文化博物馆藏

鄂温克语称"呼玛兰",为小驯鹿鞍垫。

驯鹿鞍垫

鄂温克族　内蒙古自治区根河市敖鲁古雅鄂温克族乡　长48厘米
高20厘米　宽25厘米　驯鹿皮质

垫于鹿鞍之上，便于骑乘。

驯鹿鞍具

鞍　垫

鹿鞍垫

埃文基人　俄罗斯雅库特共和国　长144厘米
宽70厘米　驯鹿头皮质

两端为驯鹿头部皮毛缝制，垫于鹿鞍之上，便于骑乘。此鞍垫制作工艺受俄罗斯文化影响较大。

皮鞍垫

埃文基人　俄罗斯雅库特共和国　长106厘米
最宽52厘米　最窄44厘米　驯鹿皮质

埃文基人传统鹿鞍用具，用两张驯鹿头部皮毛拼接制作，用时垫在鹿鞍之上便于骑乘。

驯鹿鞍具

笼　套

驯鹿笼套

鄂温克族　内蒙古自治区根河市敖鲁古雅鄂温克族乡
通长128厘米　通宽57厘米　驯鹿皮质　敖鲁古雅
鄂温克族驯鹿文化博物馆藏

鄂温克语称"敖敖特勒"，为头鹿头部佩戴的装饰。

驯鹿笼套

埃文基人　俄罗斯雅库特共和国　通长188厘米　宽3.8厘米　驯鹿皮质

套在驯鹿头上，用于系缰绳、挂嚼子等，是骑乘驯鹿的重要用具之一。

驯鹿笼套

鄂温克族　内蒙古自治区根河市敖鲁古雅鄂温克族乡　通长238厘米　通宽2厘米　驯鹿皮质　敖鲁古雅鄂温克族驯鹿文化博物馆藏

鄂温克语称"敖敖特勒"，为头鹿头部佩戴的装饰。

驯鹿鞍具

笼　套

驯鹿笼套

鄂温克族　内蒙古自治区根河市敖鲁古雅鄂温克族乡
通长155厘米　通宽6厘米　驯鹿皮质　敖鲁古雅鄂
温克族驯鹿文化博物馆藏

鄂温克语称"敖敖特勒"，为头鹿头部佩戴的装饰。

驯鹿笼套绳

鄂温克族　内蒙古自治区根河市敖鲁古雅乡　长220厘米
宽2厘米　驼鹿皮质

其使用方法及作用与马的笼套绳相同,为骑乘驯鹿的重要用具。

驯鹿鞍具

饰 品

驯鹿套索

埃文基人　俄罗斯雅库特共和国
长168厘米　宽6厘米　驯鹿皮质

为重要的驯鹿用具之一，拉爬犁时套在驯鹿身上使用。

头鹿项套

埃文基人　俄罗斯阿穆尔州　长157厘米　宽12厘米　皮革质

据物主介绍为沙俄时期流传下来的驯鹿头鹿项套，在一端饰有驯鹿骨雕刻的奔跑的哈士奇造型。

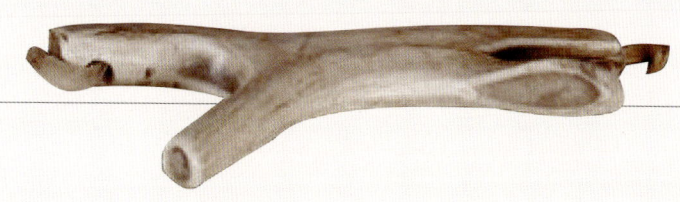

驯鹿铜铃

鄂温克族　内蒙古自治区根河市敖鲁古雅鄂温克族乡　口径8厘米　通高7厘米　铜、铁质等　敖鲁古雅鄂温克族驯鹿文化博物馆藏

为头鹿佩戴的铜铃。

头鹿胸饰

埃文基人　俄罗斯阿穆尔州　长88厘米　宽10厘米　皮革、铜质

据物主介绍为沙俄时期流传下来的驯鹿头鹿装饰，使用时挂在驯鹿胸部作为装饰。

狩猎工具

东北亚地区的驯鹿民族是以游猎为主要经济来源的民族,狩猎是其日常生产生活的重要组成部分。这一地区的驯鹿民族分布地域广泛,因所处地域的自然条件限制,游猎内容分为狩猎和渔猎,他们所使用的主要狩猎工具包括猎枪、猎刀、地剑、鱼叉等。

中国民族博物馆
东北亚驯鹿民族文化卷

狩猎工具

猎 枪

别拉弹克枪

鄂温克族　内蒙古自治区鄂伦春自治旗　长128厘米
宽11厘米　厚5厘米　铁、木质

鄂温克族为狩猎民族，猎枪为其传统的狩猎工具。

鹿皮枪套

埃文基人　俄罗斯阿穆尔州　长120厘米　宽20厘米
驯鹿皮质

主要用于存放猎枪。

子弹袋

子弹夹

埃文基人　俄罗斯阿穆尔州乌斯其纽可让　长21厘米　宽9厘米　厚2厘米　背带长90厘米　皮革质

为常用的狩猎工具，在狩猎时便于携带子弹。

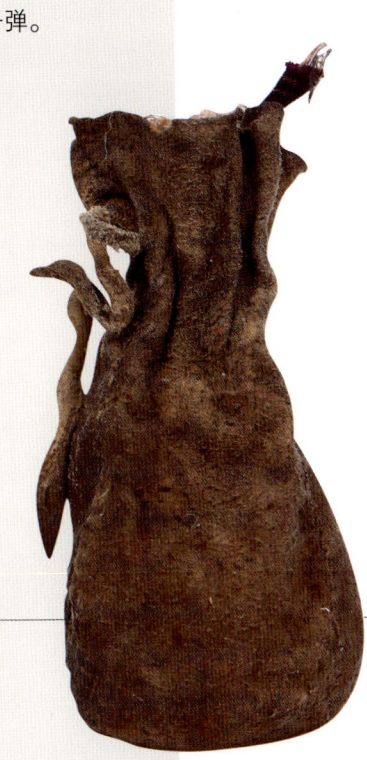

火药袋

鄂温克族　内蒙古自治区根河市敖鲁古雅鄂温克族乡　高17厘米　通宽7厘米　驼鹿皮质　敖鲁古雅鄂温克族驯鹿文化博物馆藏

为盛放火药的皮口袋，上山打猎时携带使用。

狩猎工具

子弹袋

子弹袋

鄂温克族　内蒙古自治区根河市敖鲁古雅鄂温克族乡　宽20厘米　高6.5厘米　驯鹿皮质　敖鲁古雅鄂温克族驯鹿文化博物馆藏

鄂温克语称"普乐路"，上山打猎时盛放子弹，具有防潮功能。

铅头子弹袋

鄂温克族　内蒙古自治区根河市敖鲁古雅鄂温克族乡　通宽8厘米　高21厘米　驯鹿皮质　敖鲁古雅鄂温克族驯鹿文化博物馆藏

上山打猎时携带使用。

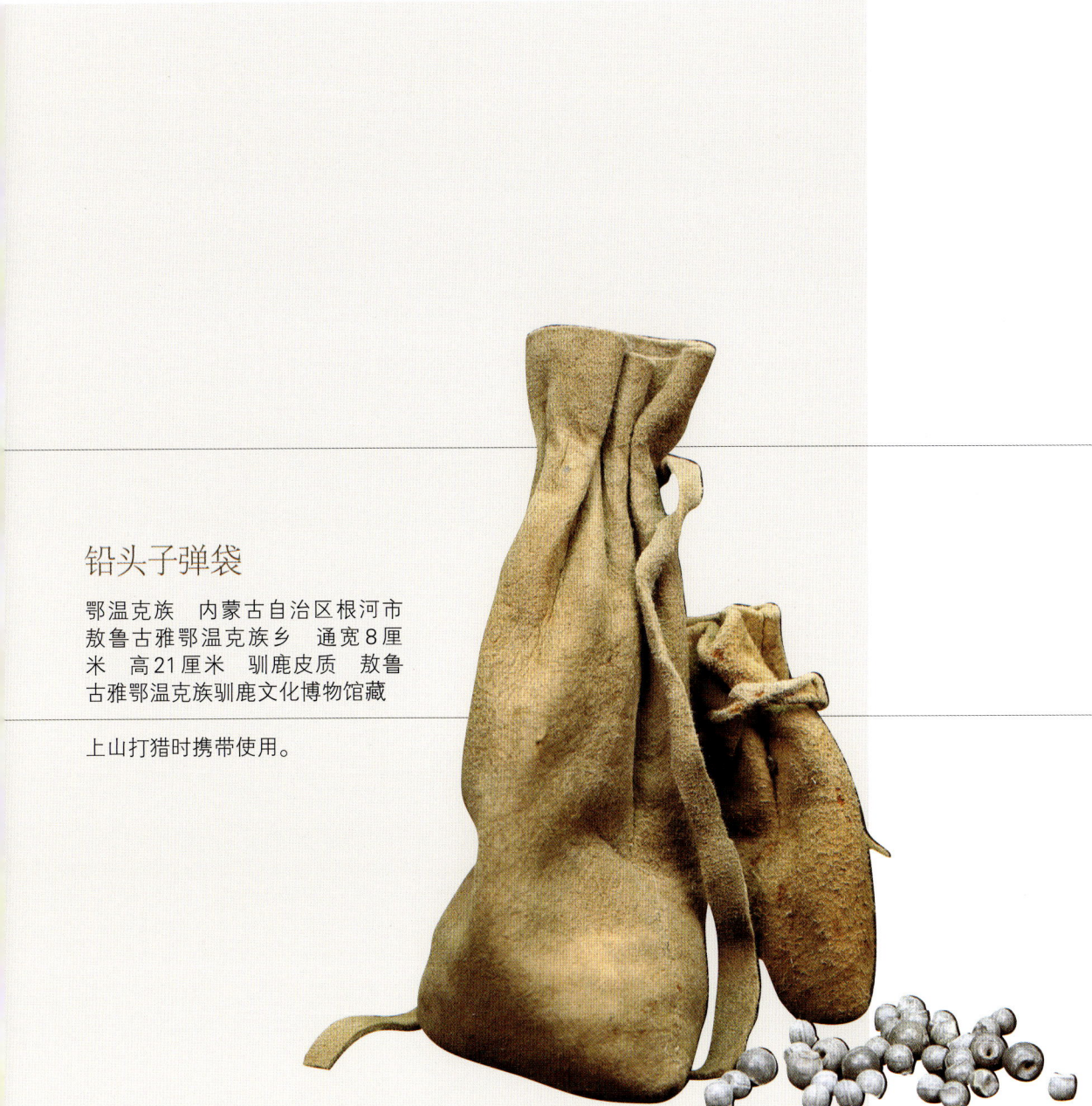

狩猎工具

地 箭

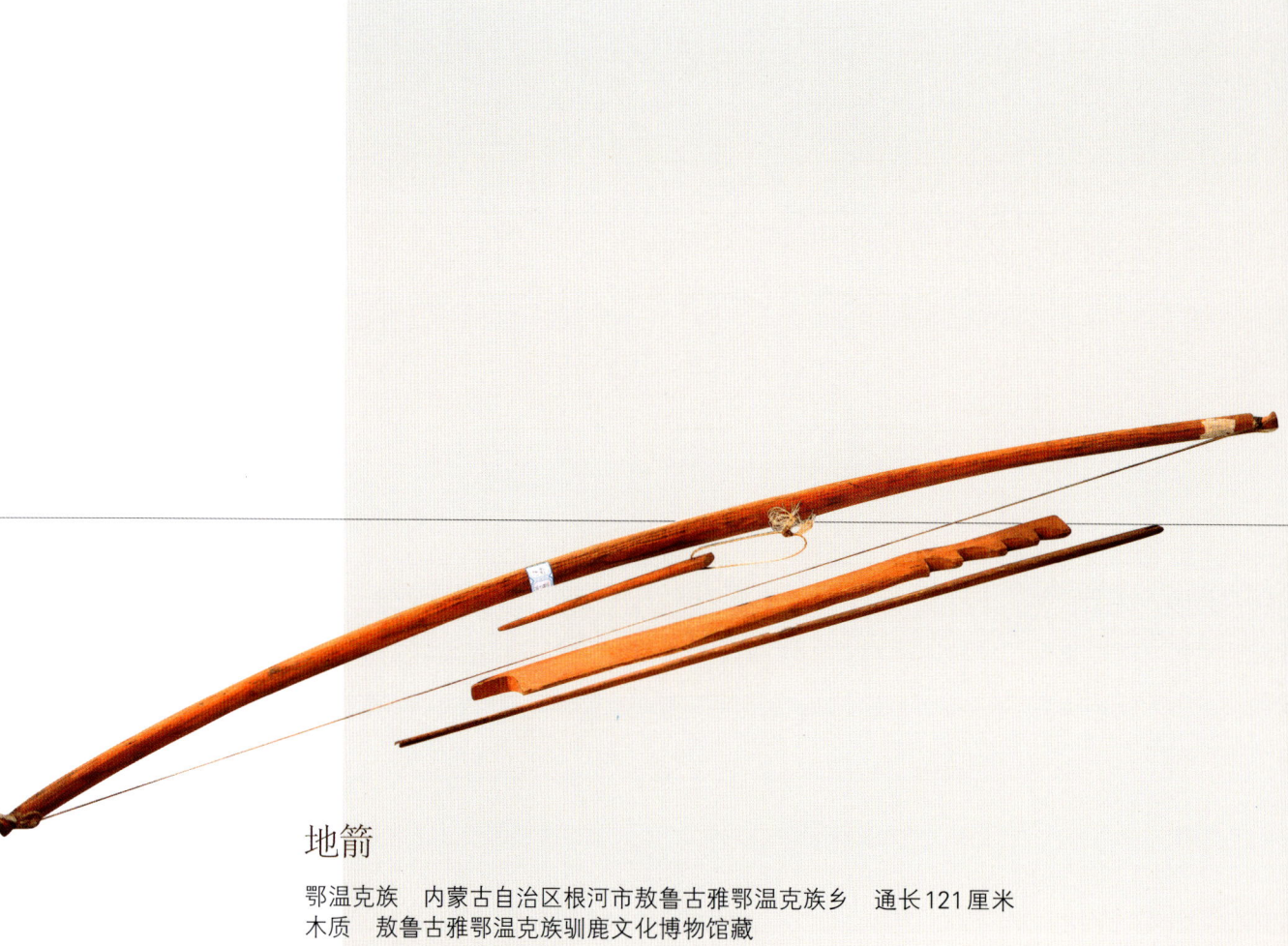

地箭

鄂温克族　内蒙古自治区根河市敖鲁古雅鄂温克族乡　通长121厘米
木质　敖鲁古雅鄂温克族驯鹿文化博物馆藏

鄂温克语称"波日坎鲁克伊",为鄂温克族传统狩猎工具。

猎 刀

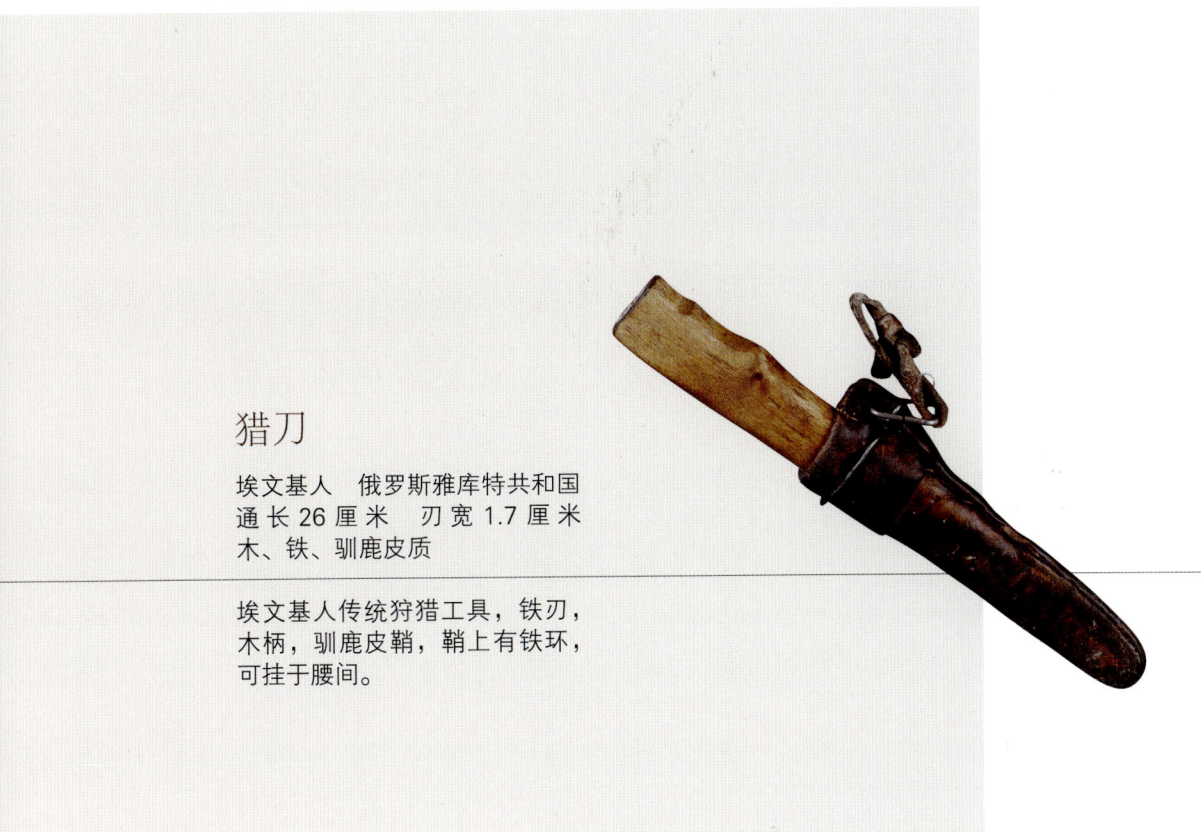

猎刀

埃文基人　俄罗斯雅库特共和国
通长26厘米　刃宽1.7厘米
木、铁、驯鹿皮质

埃文基人传统狩猎工具，铁刃，木柄，驯鹿皮鞘，鞘上有铁环，可挂于腰间。

砍刀

鄂温克族　内蒙古自治区根河市敖鲁古雅鄂温克族乡　通长71厘米
通宽3.5厘米　木、铁质　敖鲁古雅鄂温克族驯鹿文化博物馆藏

鄂温克语称"乌特刊"。

狩猎工具

猎 刀

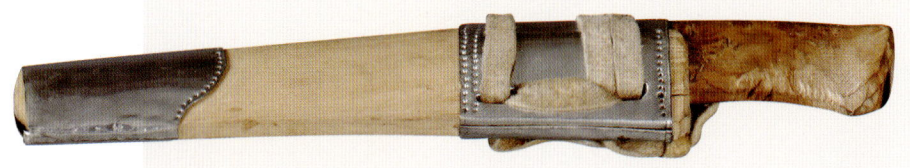

猎刀

埃文基人　俄罗斯阿穆尔州　通长23.2厘米
宽5.2厘米　木、铁质等

埃文基人传统的狩猎工具，铁刃，木柄，木鞘两端包铁皮固定，并用鹿皮绳捆绑。

猎刀

鄂温克族　内蒙古自治区根河市敖鲁古雅鄂
温克族乡　通长18厘米　通宽3厘米　驯鹿
角、桦树皮、铁质等　敖鲁古雅鄂温克族驯
鹿文化博物馆藏

鄂温克语称"考陶"，刀柄为驯鹿角所制，刀鞘为桦树皮材质。

猎刀

鄂温克族　内蒙古自治区根河市敖鲁古雅鄂温克族乡　通长29厘米　通宽6厘米　木、铁质等　敖鲁古雅鄂温克族驯鹿文化博物馆藏

鄂温克语称"考陶",刀柄为木质,刀鞘为桦树皮材质。

猎刀

鄂温克族　内蒙古自治区根河市敖鲁古雅鄂温克族乡　通长25厘米　通宽3厘米　木、铁质等　敖鲁古雅鄂温克族驯鹿文化博物馆藏

鄂温克语称"考陶",刀柄为木质,刀鞘为桦树皮材质。

狩猎工具

猎　刀

猎刀

鄂温克族　内蒙古自治区根河市敖鲁古雅鄂温克族乡　通长26厘米　通宽5厘米　桦树皮、铁质等　敖鲁古雅鄂温克族驯鹿文化博物馆藏

鄂温克语称"考陶"，刀柄为木质，刀鞘为桦树皮材质。

猎刀

鄂温克族　内蒙古自治区根河市敖鲁古雅鄂温克族乡　通长25厘米　通宽3厘米　木、铁质等　敖鲁古雅鄂温克族驯鹿文化博物馆藏

鄂温克语称"考陶"，刀柄、刀鞘为木质。

鱼叉

鱼叉

鄂温克族　内蒙古自治区根河市敖鲁古雅鄂温克族乡　通长18.5厘米　通宽7厘米　铁质　敖鲁古雅鄂温克族驯鹿文化博物馆藏

鄂温克语称"巴达拉"，一般安装木柄使用。

鱼叉

鄂温克族　内蒙古自治区根河市敖鲁古雅鄂温克族乡　通长28厘米　通宽8厘米　铁质　敖鲁古雅鄂温克族驯鹿文化博物馆藏

鄂温克语称"巴达拉"，一般安装木柄使用。

狩猎工具

鹿 哨

鹿哨

鄂温克族　内蒙古根河市敖鲁古雅鄂温克族乡
长76.5厘米　宽4.5厘米　松木质

为鄂温克族传统鹿哨，主要用于召唤马鹿。

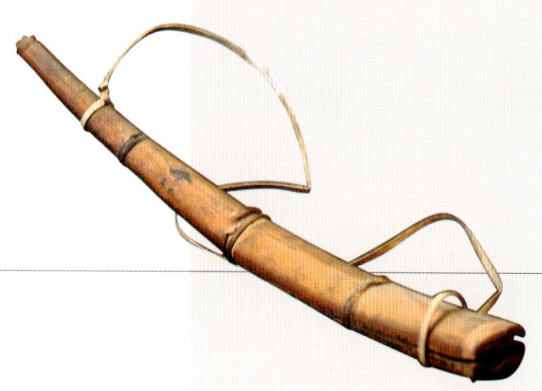

鹿哨

鄂温克族　内蒙古自治区根河市敖鲁古雅鄂温克族乡　通长76厘米　通宽6.5厘米　木质　敖鲁古雅鄂温克族驯鹿文化博物馆藏

在狩猎过程中模仿雌鹿叫声，吸引雄鹿。

鹿哨

埃文基人　俄罗斯后贝加尔斯克边疆区通戈科琴　通长60厘米　口径7厘米　桦树皮质

埃文基人传统鹿哨，用桦树皮窝卷而成。用时通过吸气而发出声响，用于召唤马鹿。

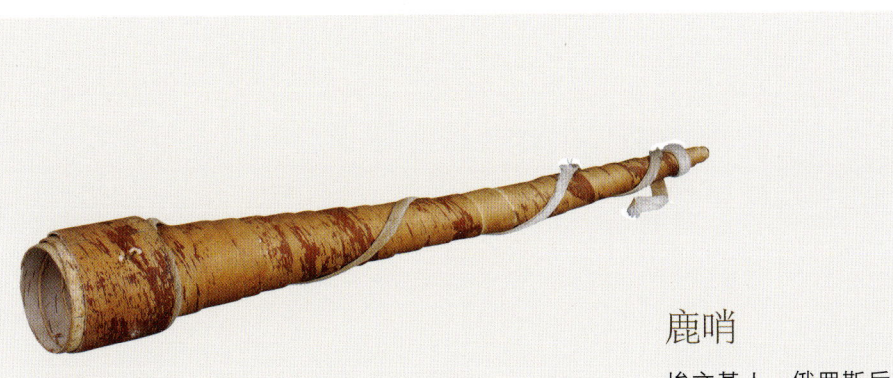

鹿哨

埃文基人　俄罗斯后贝加尔斯克边疆区通戈科琴　通长67厘米　口径7厘米　桦树皮质

埃文基人传统鹿哨，用桦树皮窝卷而成。用时通过吸气而发出声响，用于召唤马鹿。

狍哨

埃文基人　俄罗斯巴文特地区
长3.3厘米　宽1.7厘米　桦树皮质

埃文基人传统狍哨，用桦树皮裁剪制作而成。因其发出的声音像狍子的叫声，因此多用于打猎时召唤狍子。

狍哨

埃文基人　俄罗斯巴文特地区
长4厘米　宽1.5厘米　桦树皮质

埃文基人传统狍哨，用桦树皮裁剪制作而成。因其发出的声音像狍子的叫声，因此多用于打猎时召唤狍子。

艺术

东北亚地区的驯鹿民族在长期的游猎生活过程中形成了自己独特的审美观念,并以艺术的形式呈现出来。他们的艺术表现形式主要有刻绘、油画、兽皮画、木雕等,其内容多为表现本民族的日常游猎生活及与驯鹿和谐相处的生活场面。

中国民族博物馆
东北亚驯鹿民族文化卷

艺 术

海象牙刻绘艺术

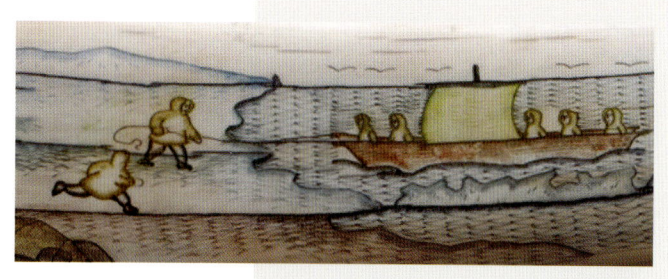

海象牙刻绘艺术

楚科奇人　俄罗斯远东地区　长42厘米　宽7.5厘米
厚4.7厘米　海象牙质

海象主要生活于北极海域，以一对发达的白色上犬齿为
其主要特征，因与陆生动物大象的门齿相类似而得名。
此件作品采用线刻工艺，刻出图案轮廓后填色。两面皆
有图案，一面表现驯鹿群、人物、驯鹿拉爬犁等场景；
另一面表现渔船靠岸场景。

海象牙刻绘艺术

楚科奇人　俄罗斯远东地区　长50.5厘米　宽4.7厘米
厚2.5厘米　海象牙质

采用线刻工艺刻出图案轮廓再填色。两面皆有图案，一面采用素刻手法表现套鹿场景，另一面表现划船捕鱼场景。

艺 术

海象牙刻绘艺术

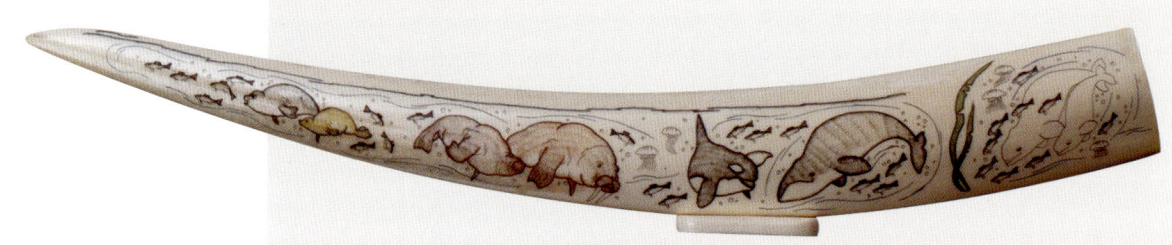

海象牙刻绘艺术

楚科奇人　俄罗斯远东地区　长47厘米　宽4.7厘米　厚2.5厘米　海象牙质

采用线刻工艺刻出图案轮廓后填色。两面皆有图案，一面表现海象、鲸等海洋生物的千姿百态，另一面表现当地居民的生活及驯鹿打架的场景。

海象牙刻绘艺术

楚科奇人　俄罗斯远东地区　长42厘米　宽5厘米　厚2.5厘米　海象牙质

一面雕刻逐鹿场景，另一面雕刻出海叉鱼场景。

艺 术

海象牙刻绘艺术

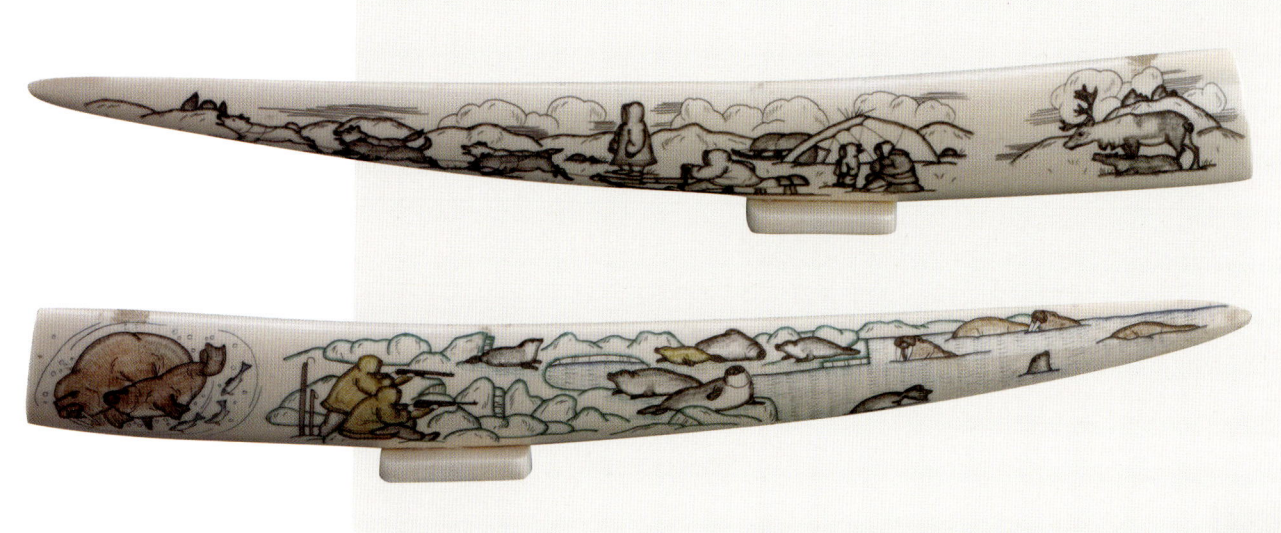

海象牙刻绘艺术

楚科奇人　俄罗斯远东地区　长34厘米　宽4厘米　厚2厘米
海象牙质

一面雕刻猎人举枪猎海豹场景，另一面雕刻狗拉雪橇场景。

海象牙刻绘艺术

楚科奇人　俄罗斯远东地区　长34厘米　宽4厘米　厚2厘米
海象牙质

一面素刻人们在聚居地整理鹿爬犁的场景，另一面彩刻海豹、鲸鱼、小鱼、水母等海洋生物的千姿百态。

鲸鱼须刻绘艺术

鲸鱼须刻绘艺术

楚科奇人　俄罗斯远东地区　长115厘米　宽7.5厘米　鲸鱼须质

为一段鲸鱼须，采用刻绘工艺以线条形式表现划船围捕鲸鱼的场景。

艺 术

油 画

《鄂温克女人与驯鹿》

鄂温克族　内蒙古根河市敖鲁古雅鄂温克族乡
宽89厘米　高68厘米　亚麻布质

鄂温克族画家涂桑清作品。

《奔跑的驯鹿》

鄂温克族　内蒙古根河市敖鲁古雅鄂温克族乡
宽80厘米　高59厘米　亚麻布质

鄂温克族画家涂桑清作品。

艺 术

油 画

《熟皮子的鄂温克老妇人》

**鄂温克族　内蒙古根河市敖鲁古雅鄂温克族乡　宽89厘米
高68厘米　亚麻布质**

鄂温克族画家涂桑清作品。

《节日中通古斯鄂温克人》

鄂温克族　内蒙古根河市敖鲁古雅鄂温克族乡　宽89厘米
高69厘米　亚麻布质

鄂温克族画家涂桑清作品。

艺 术

油 画

《四头驯鹿》

鄂温克族　内蒙古自治区根河市敖鲁古雅鄂温克族乡
宽60厘米　高50厘米　亚麻布质

鄂温克族老人巴拉杰依作品，创作者未接受过正规的绘画教育，凭着自己对驯鹿的深厚感情进行绘画创作，追溯驯鹿鄂温克族在历史发展中的足迹。

《故乡写生》

鄂温克族　内蒙古自治区根河市敖鲁古雅鄂温克族乡　宽38厘米
高49厘米　亚麻布质　敖鲁古雅鄂温克族驯鹿文化博物馆藏

创作者为敖鲁古雅鄂温克族第一位大学生、画家柳芭。

艺术

油　画

《月圆之夜》

鄂温克族　内蒙古自治区根河市敖鲁古雅鄂温克族乡
宽46厘米　高58厘米　亚麻布质　敖鲁古雅鄂温克族
驯鹿文化博物馆藏

创作者为敖鲁古雅鄂温克族第一位大学生、画家柳芭。

兽皮画

狍皮画

鄂温克族 内蒙古自治区根河市敖鲁古雅鄂温克族乡 通长92厘米 通宽70厘米 狍皮质 敖鲁古雅鄂温克族驯鹿文化博物馆藏

创作者为敖鲁古雅鄂温克族青年艺术家维佳,用碳素笔直接绘于整张狍皮之上。

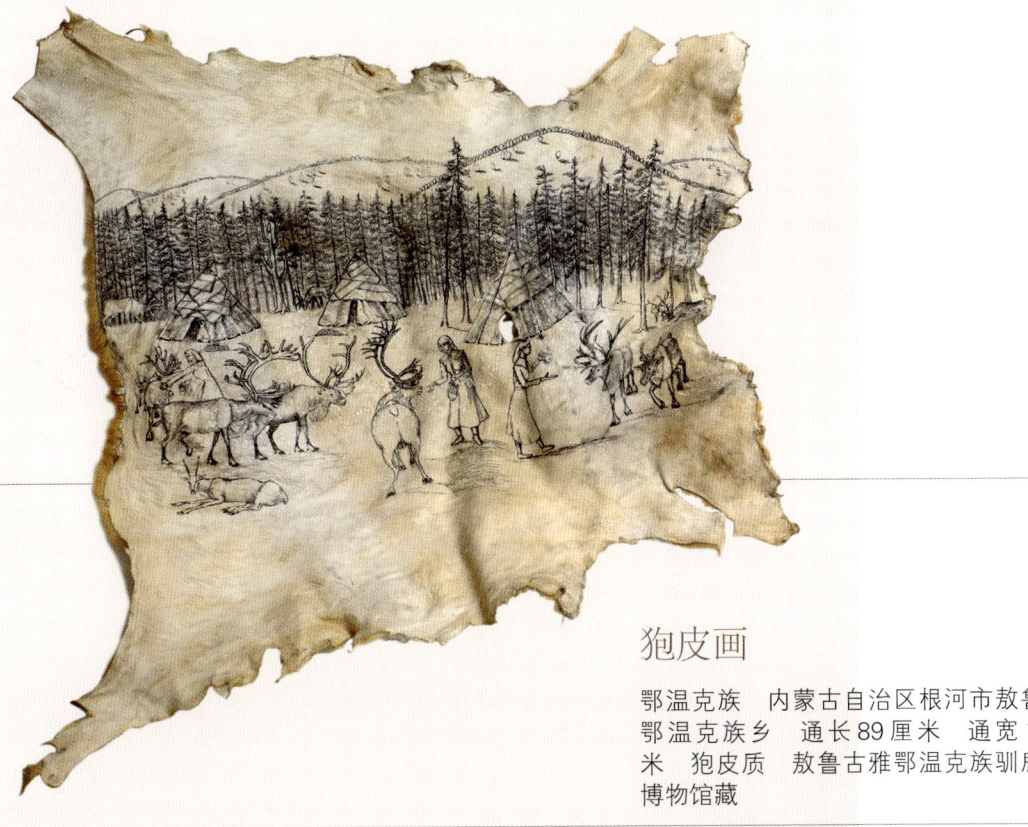

狍皮画

鄂温克族 内蒙古自治区根河市敖鲁古雅鄂温克族乡 通长89厘米 通宽100厘米 狍皮质 敖鲁古雅鄂温克族驯鹿文化博物馆藏

创作者为敖鲁古雅鄂温克族青年艺术家维佳,用碳素笔直接绘于整张狍皮之上。

艺术

兽皮画

皮毛画

鄂温克族　内蒙古自治区根河市敖鲁古雅鄂温克族乡
通长63厘米　通宽52厘米　驯鹿皮质　敖鲁古雅鄂温
克族驯鹿文化博物馆藏

敖鲁古雅第一个大学生、鄂温克族艺术家柳芭使用驯鹿
小腿皮毛拼贴创作于1990年7月—1991年10月。

木 雕

熊雕塑

鄂温克族　内蒙古自治区根河市敖鲁古雅鄂温克族乡　通长19.5厘米　通宽5厘米　通高9.5厘米　木质　敖鲁古雅鄂温克族驯鹿文化博物馆藏

果什克·索创作。

驯鹿雕塑

鄂温克族　内蒙古自治区根河市敖鲁古雅鄂温克族乡　通长32厘米　通宽43厘米　通高43厘米　木质　敖鲁古雅鄂温克族驯鹿文化博物馆藏

果什克·索创作，刻有"纪念敖乡成立三十周年纪念"。

其他

东北亚驯鹿民族长期生活在寒冷的北极圈附近，他们充分利用当地的有利资源创造了灿烂的萨满文化、兽皮文化、桦树皮文化等文化表现形式，这些文化体现了这些民族充分利用自然、适应自然以及与自然和谐相处的集体智慧。

中国民族博物馆
东北亚驯鹿民族文化卷

其他

摇 篮

摇篮

鄂温克族　内蒙古自治区根河市敖鲁古雅鄂温克族乡　通长54厘米　通宽26厘米　通高14厘米　桦木质　敖鲁古雅鄂温克族驯鹿文化博物馆藏

鄂温克语称"鄂莫克",为鄂温克族传统育儿用具,将婴儿放置在此摇篮中可悬挂摇晃,搬家时亦可将摇篮绑在驯鹿身上。

摇篮

鄂温克族　内蒙古自治区根河市敖鲁古雅鄂温克族乡　通长73厘米　通宽33厘米　通高12厘米　桦树皮质　敖鲁古雅鄂温克族驯鹿文化博物馆藏

鄂温克语称"鄂莫克",为鄂温克族传统育儿用具,将婴儿放置在此摇篮中可悬挂摇晃,搬家时亦可将摇篮绑在驯鹿身上。

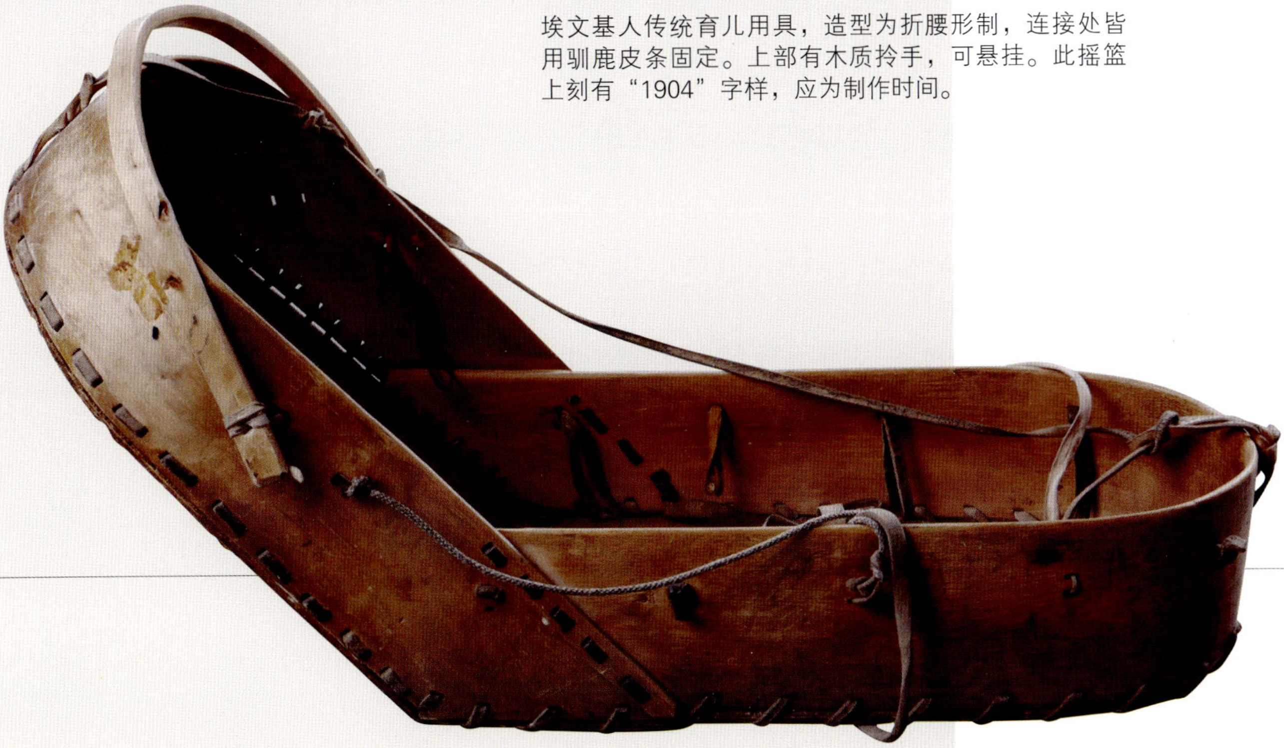

摇篮

埃文基人　俄罗斯雅库特共和国　通长95厘米　宽26厘米　高45厘米　桦木质

埃文基人传统育儿用具，造型为折腰形制，连接处皆用驯鹿皮条固定。上部有木质拎手，可悬挂。此摇篮上刻有"1904"字样，应为制作时间。

其 他

滑雪板

滑雪板

鄂温克族　内蒙古自治区根河市敖鲁古雅鄂温克族乡　通长118厘米　通宽19厘米　木质　敖鲁古雅鄂温克族驯鹿文化博物馆藏

鄂温克语称"克晴了",冬季打猎时可以在雪地上快速滑行。

滑雪板

埃文基人　俄罗斯雅库特共和国　长200厘米　宽25厘米　桦木、狐狸皮、紫貂皮、驯鹿皮质

主体由桦木制成,背面包裹狐狸皮、紫貂皮、驯鹿皮等兽皮,可减少在雪地中的摩擦力,便于滑行和爬坡。此滑雪板形制较大,适合在积雪较深的环境中使用。

背 夹

背夹

鄂温克族　内蒙古自治区根河市敖鲁古雅鄂温克族乡　长43厘米　宽15厘米　木、皮革质

鄂温克族传统的生活用品之一，主要用于背负较重的物品。其形制类似于双肩背，使用时用两条皮绳将其背在身后使用。

其他

背 夹

背夹

鄂温克族　内蒙古自治区根河市敖鲁古雅鄂温克族乡　长43厘米　宽15厘米　木、皮革质

鄂温克族传统生活用品之一，主要用于背负较重的物品。其形制类似于双肩背，使用时用两条皮绳将其背在身后使用。

背夹

鄂温克族　内蒙古自治区根河市敖鲁古雅鄂温克族乡　长44厘米　宽19厘米　木质　敖鲁古雅鄂温克族驯鹿文化博物馆藏

鄂温克语称"帕那额"，猎民打猎后用此将猎物背回驻地，冬季用来背水、冰等。

背夹

埃文基人　俄罗斯阿穆尔州乌斯其纽可让　长64厘米
宽16厘米　木、驯鹿皮质

为背负猎物或行囊的用具，竖式木板，上窄下宽，板上垫有驯鹿皮毛，两侧对称系皮绳用以捆绑物品。木板上刻有"1952"字样，应为制作时间。

其他

熟皮工具

熟皮工具

埃文基人　俄罗斯远东地区　环形刮皮刀(短柄)：长22厘米　刀头直径5厘米　刮皮刀(长柄)：长50厘米　刀头直径4厘米　刮刀：长62厘米　刀刃长40厘米　皮袋：长60厘米　宽10厘米　木、皮革质

主要包括皮袋1个、环形刮皮刀2把、刮刀1把。环形刮皮刀头部为环形铁质刀片，用于刮除兽皮表面的脂肪和肉筋。刮刀两端为木手柄，中间为背部略卷曲的铁质刮刀，使用时两手分别紧握把手，用以刮除兽皮上的脂肪和肉丝。三件一套，装在光板兽皮制作的长方形口袋中，以便于携带和保存。

熟皮榨床

埃文基人　俄罗斯阿穆尔州乌斯其纽可让
长83厘米　宽9厘米　高10厘米　木质

为熟皮张的专用工具。上为木铡刀，刀有齿；下为木床，床上开锯齿状凹槽。使用时，一人抬起木铡刀，另一人把皮子卷成卷，送到木床上，反复压榨，直到皮张柔软为止。

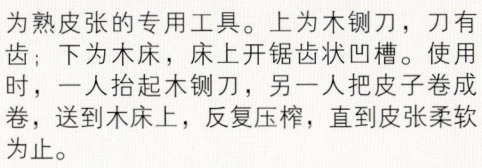

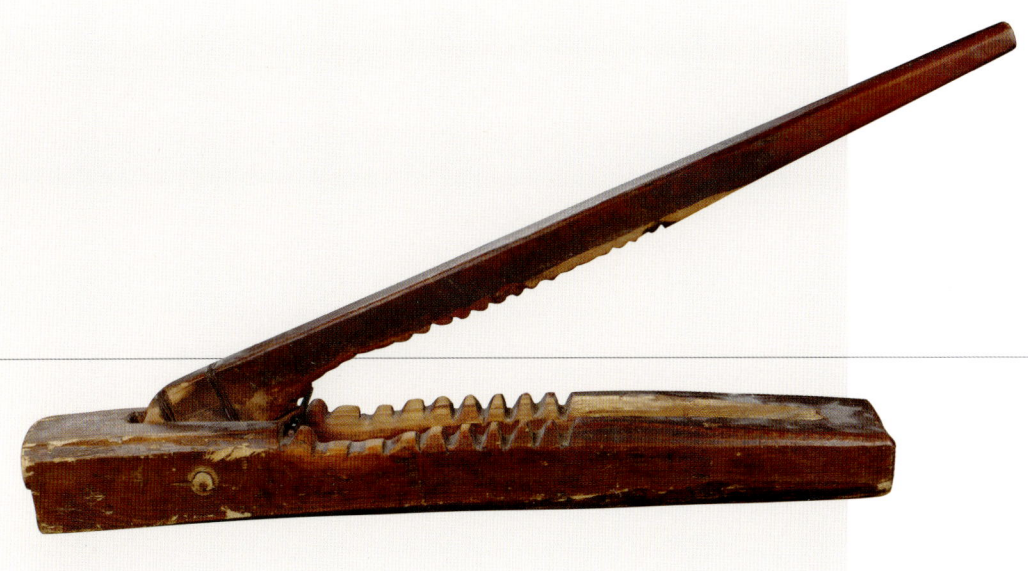

熟皮榨床

埃文基人　俄罗斯阿穆尔州乌斯其纽可让　长99厘米　宽12厘米　高12厘米　木质

为熟大型皮张的专用工具。上为木铡刀，刀有齿；下为木床，床上开锯齿状凹槽。使用时，一人抬起木铡刀，另一人把皮子卷成卷，送到木床上，反复压榨，直到皮张柔软为止。

其他

熟皮工具

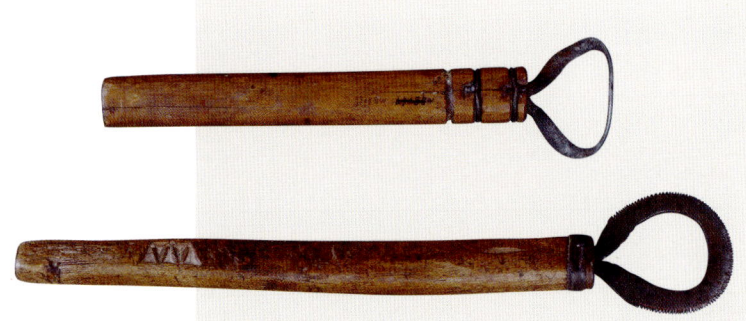

刮皮刀

埃文基人　俄罗斯雅库特共和国　短刮刀长52厘米　锯齿刮刀长33厘米　木、铁质

为加工处理皮张的重要工具之一，主要用于刮除动物皮张上附带的肉筋、脂肪等。短刮刀在使用时手握把手用刀刃将筋肉刮下，而长柄刮皮刀在使用时则手握把手将筋肉铲下。

凹刃刮刀

埃文基人　俄罗斯雅库特共和国　通长47.5厘米　刃长35厘米　木、铁质

为重要熟皮工具之一，使用时用此刮刀反复刮揉皮子，使之柔软而有韧性。

熟皮工具

鄂温克族　内蒙古自治区根河市敖鲁古雅鄂温克族乡　通长48厘米　通宽3.5厘米　木、铁质　敖鲁古雅鄂温克族驯鹿文化博物馆藏

鄂温克语称"谢利杰伊·布"，为一整套熟皮工具，是鄂温克族妇女必备的生产工具。

熟皮工具

鄂温克族　内蒙古自治区根河市敖鲁古雅鄂温克族乡　通长53厘米　通宽4厘米　通高2厘米　木、铁质　敖鲁古雅鄂温克族驯鹿文化博物馆藏

鄂温克语称"谢利杰伊·布"，为一整套熟皮工具，是鄂温克族妇女必备的生产工具。

熟皮工具

鄂温克族　内蒙古自治区根河市敖鲁古雅鄂温克族乡　通长53厘米　通宽4.5厘米　木、铁质　敖鲁古雅鄂温克族驯鹿文化博物馆藏

鄂温克语称"谢利杰伊·布"，是鄂温克族妇女必备的生产工具。

其 他

桦皮篓、盒

桦树皮筒

鄂温克族　内蒙古自治区鄂伦春自治旗　下口径13厘米　上口径12厘米　高14厘米　桦树皮质

主体部分素面无纹，仅仅在底部镶嵌有一圈锯齿造型的桦皮，既装饰又实用。

采集篓

埃文基人　俄罗斯布里亚特共和国北贝加尔斯克　长口径28厘米　短口径20厘米　底部呈等腰梯形　四条边长分别为10厘米、30厘米、30厘米、27厘米　桦树皮质

主要用于采集蓝莓，在皮篓口沿处有把手，使用时一只手握住把手，用力挥动手臂，借助惯性将蓝莓收集进篓中。

桦树皮盒

埃文基人　俄罗斯后贝加尔斯克边疆区通戈科琴　长口径27厘米　短口径15厘米　高18厘米　桦树皮质

主要用于盛放食物，素面无纹，使用痕迹明显。

其他

桦皮篓、盒

桦皮篓

鄂温克族　内蒙古自治区根河市敖鲁古雅鄂温克族乡　直径17厘米　高7.5厘米　桦树皮质　敖鲁古雅鄂温克族驯鹿文化博物馆藏

为鄂温克族传统生活用具。

桦皮篓

鄂温克族　内蒙古自治区根河市敖鲁古雅鄂温克族乡　直径17厘米　高7.5厘米　桦树皮质　敖鲁古雅鄂温克族驯鹿文化博物馆藏

为鄂温克族传统生活用具。

桦皮篓

鄂温克族　内蒙古自治区根河市敖鲁古雅鄂温克族乡　直径29厘米　高15厘米　桦树皮质　敖鲁古雅鄂温克族驯鹿文化博物馆藏

为鄂温克族传统生活用具。

桦皮篓

鄂温克族　内蒙古自治区根河市敖鲁古雅鄂温克族乡　直径30厘米　高19厘米　桦树皮质　敖鲁古雅鄂温克族驯鹿文化博物馆藏

为鄂温克族传统生活用具，用兽筋缝制。

其他

桦皮篓、盒

桦皮篓

鄂温克族　内蒙古自治区根河市敖鲁古雅鄂温克族乡
直径31厘米　高17厘米　桦树皮质　敖鲁古雅鄂温克族驯鹿文化博物馆藏

为鄂温克族传统生活用具。

桦皮篓

鄂温克族　内蒙古自治区根河市敖鲁古雅鄂温克族乡　直径30厘米　高14厘米　桦树皮质
敖鲁古雅鄂温克族驯鹿文化博物馆藏

为鄂温克族传统生活用具。

桦皮篓、盒

桦皮篓

鄂温克族 内蒙古自治区根河市敖鲁古雅鄂温克族乡 直径29.5厘米 高15厘米 桦树皮质 敖鲁古雅鄂温克族驯鹿文化博物馆藏

为鄂温克族传统生活用具，用于盛放生活用品等，可防潮。

桦皮篓

鄂温克族　内蒙古自治区根河市敖鲁古雅鄂温克族乡　直径28厘米　高14厘米　桦树皮质　敖鲁古雅鄂温克族驯鹿文化博物馆藏

为鄂温克族传统生活用具，用于盛放生活用品等，可防潮。

其他

桦皮篓、盒

桦皮篓

鄂温克族　内蒙古自治区根河市敖鲁古雅鄂温克族乡　直径27厘米　高13厘米　桦树皮质　敖鲁古雅鄂温克族驯鹿文化博物馆藏

为鄂温克族传统生活用具，用于盛放生活用品等，可防潮。

桦皮篓

鄂温克族　内蒙古自治区根河市敖鲁古雅鄂温克族乡　直径23厘米　高18厘米　桦树皮质　敖鲁古雅鄂温克族驯鹿文化博物馆藏

用于盛放生活用品等，盒盖装饰图案为太阳花。

桦皮篓

鄂温克族 内蒙古自治区根河市敖鲁古雅鄂温克族乡 直径22厘米 高18厘米 桦树皮质 敖鲁古雅鄂温克族驯鹿文化博物馆藏

为鄂温克族传统生活用具，用于盛放生活用品等，可防潮。

桦皮篓

鄂温克族 内蒙古自治区根河市敖鲁古雅鄂温克族乡 直径26.5厘米 高14厘米 桦树皮质 敖鲁古雅鄂温克族驯鹿文化博物馆藏

为鄂温克族传统生活用具，用于盛放生活用品等。

其 他

桦皮篓、盒

桦皮篓

鄂温克族　内蒙古自治区根河市敖鲁古雅鄂温克族乡　直径32厘米　高16厘米　桦树皮质　敖鲁古雅鄂温克族驯鹿文化博物馆藏

为鄂温克族传统生活用具，用于盛放生活用品等，可防潮。

桦皮篓

鄂温克族　内蒙古自治区根河市敖鲁古雅鄂温克族乡　直径25厘米　高12厘米　桦树皮质　敖鲁古雅鄂温克族驯鹿文化博物馆藏

为鄂温克族传统生活用具，用于盛放生活用品等，可防潮。

桦皮篓

鄂温克族　内蒙古自治区根河市敖鲁古雅鄂温克族乡　直径26厘米　高11厘米　桦树皮质　敖鲁古雅鄂温克族驯鹿文化博物馆藏

为鄂温克族传统生活用具，用于盛放生活用品等。

桦皮盒

鄂温克族　内蒙古自治区根河市敖鲁古雅鄂温克族乡　直径11厘米　高22厘米　桦树皮质　敖鲁古雅鄂温克族驯鹿文化博物馆藏

为鄂温克族传统生活用具，用于盛放生活用品等。

其他

桦皮篓、盒

桦皮盒

鄂温克族　内蒙古自治区根河市敖鲁古雅鄂温克族乡　长14厘米　宽7厘米　通高14.5厘米　桦树皮质　敖鲁古雅鄂温克族驯鹿文化博物馆藏

为鄂温克族传统生活用具，使用桦树皮采用传统手工艺咬合制作而成。

桦皮盒

鄂温克族　内蒙古自治区根河市敖鲁古雅鄂温克族乡　直径9厘米　通高14厘米　桦树皮质　敖鲁古雅鄂温克族驯鹿文化博物馆藏

为鄂温克族传统生活用具，使用桦树皮采用传统手工艺咬合制作而成。

桦皮盒

鄂温克族　内蒙古自治区根河市敖鲁古雅鄂温克族乡　直径7厘米　通高15厘米　桦树皮质　敖鲁古雅鄂温克族驯鹿文化博物馆藏

为鄂温克族传统生活用具，使用桦树皮采用传统手工艺咬合制作而成。

桦皮盒

鄂温克族　内蒙古自治区根河市敖鲁古雅鄂温克族乡　直径8厘米　通高14.5厘米　桦树皮质　敖鲁古雅鄂温克族驯鹿文化博物馆藏

为鄂温克族传统生活用具，使用桦树皮采用传统手工艺咬合制作而成。

其他

桦皮篓、盒

桦皮口烟盒

鄂温克族　内蒙古自治区根河市敖鲁古雅鄂温克族乡　通长6.5厘米　通宽5.5厘米　通高2厘米　桦树皮质　敖鲁古雅鄂温克族驯鹿文化博物馆藏

为鄂温克族传统生活用具，使用桦树皮采用传统手工艺咬合制作而成。

桦皮盒

鄂温克族　内蒙古自治区根河市敖鲁古雅鄂温克族乡　直径5厘米　通高8.3厘米　桦树皮质　敖鲁古雅鄂温克族驯鹿文化博物馆藏

盒体为桦树皮咬合制作而成。

桦皮盒

鄂温克族　内蒙古自治区根河市敖鲁古雅鄂温克族乡
通长22厘米　通宽20厘米　通高11厘米　桦树皮
质　敖鲁古雅鄂温克族驯鹿文化博物馆藏

为鄂温克族传统生活用具，用于盛放日常生活用品。

其他

针线包

针线包

鄂温克族　内蒙古自治区根河市敖鲁古雅鄂温克族乡　通长26厘米　通宽15厘米　通高6厘米　桦树皮、驯鹿皮、驼鹿骨质等　敖鲁古雅鄂温克族驯鹿文化博物馆藏

鄂温克语称"德额克特",为鄂温克族传统生活用具,用于盛放针线等物品。

针线包

鄂温克族　内蒙古自治区根河市敖鲁古雅鄂温克族乡
通宽22厘米　通高14厘米　桦树皮、驯鹿皮质等　敖
鲁古雅鄂温克族驯鹿文化博物馆藏

鄂温克语称"德额克特",为鄂温克族传统生活用具,
用于盛放针线等生活用品。

其 他

针线包

针线包

鄂温克族　内蒙古自治区根河市敖鲁古雅鄂温克族乡　通宽25厘米　通高13厘米　桦树皮、驯鹿皮质等　敖鲁古雅鄂温克族驯鹿文化博物馆藏

鄂温克语称"德额克特"，为鄂温克族传统生活用具，用于盛放针线等生活用品。

针线包

鄂温克族　内蒙古自治区根河市敖鲁古雅鄂温克族乡　通宽22厘米　通高9厘米　桦树皮、驯鹿皮质等　敖鲁古雅鄂温克族驯鹿文化博物馆藏

鄂温克语称"德额克特"，为鄂温克族传统生活用具。

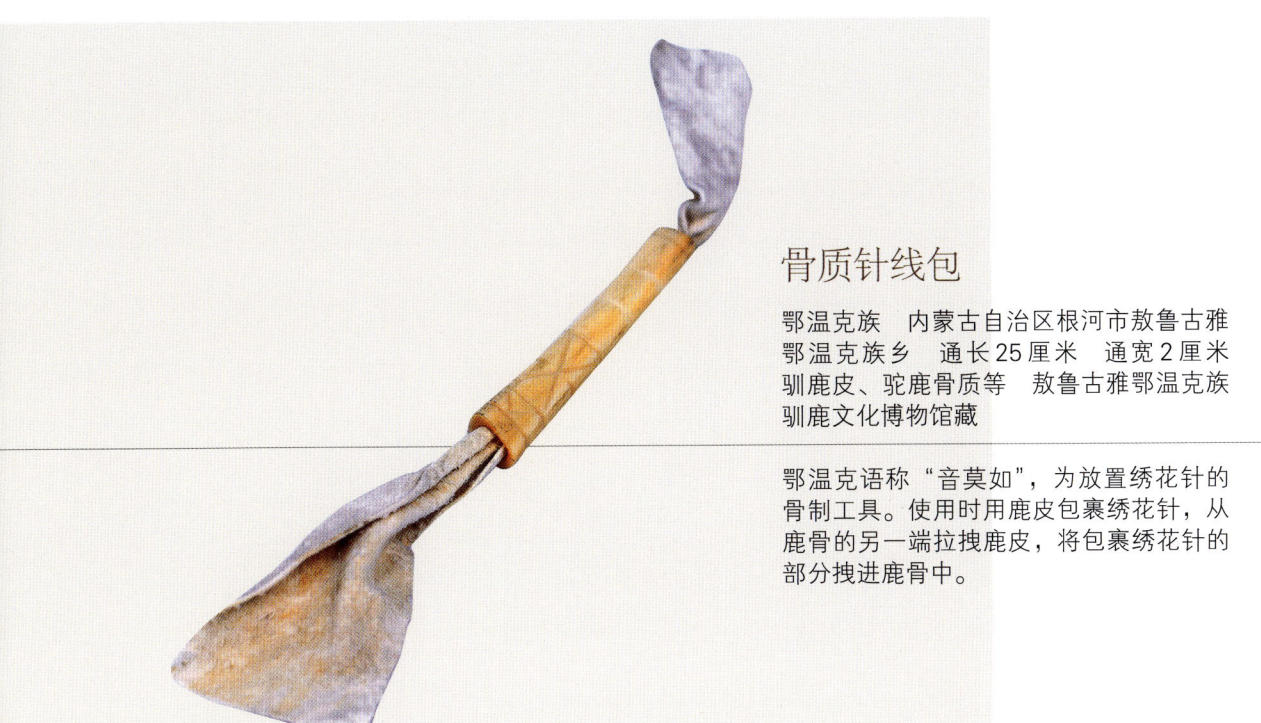

骨质针线包

鄂温克族　内蒙古自治区根河市敖鲁古雅鄂温克族乡　通长25厘米　通宽2厘米　驯鹿皮、驼鹿骨质等　敖鲁古雅鄂温克族驯鹿文化博物馆藏

鄂温克语称"音莫如"，为放置绣花针的骨制工具。使用时用鹿皮包裹绣花针，从鹿骨的另一端拉拽鹿皮，将包裹绣花针的部分拽进鹿骨中。

针线包

鄂温克族　内蒙古自治区根河市敖鲁古雅鄂温克族乡　通长31厘米　宽3厘米　驼鹿皮质　敖鲁古雅鄂温克族驯鹿文化博物馆藏

鄂温克语称"音莫如"，用于放置针线等日常用品。

其他

木工工具

压花器

鄂温克族　内蒙古自治区根河市敖鲁古雅鄂温克族乡　通长10厘米　通宽2厘米　兽骨质　敖鲁古雅鄂温克族驯鹿文化博物馆藏

为鄂温克族传统工具之一，用于桦树皮制品压花。

木工刨子

鄂温克族　内蒙古自治区根河市敖鲁古雅鄂温克族乡　长36厘米　宽8厘米　高3厘米　木、铁质　敖鲁古雅鄂温克族驯鹿文化博物馆藏

鄂温克语称"依热球那"，制作桦皮船、桦皮篓等生活用具所使用的工具。

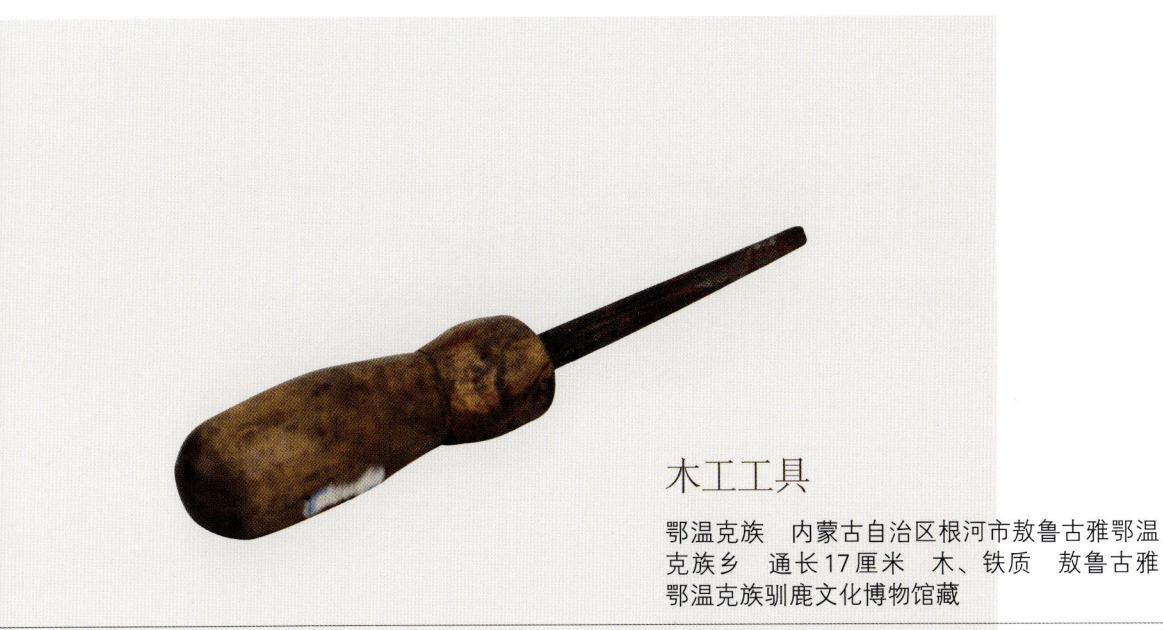

木工工具

鄂温克族　内蒙古自治区根河市敖鲁古雅鄂温克族乡　通长17厘米　木、铁质　敖鲁古雅鄂温克族驯鹿文化博物馆藏

鄂温克语称"秋克伊乌恩"，为制作鹿哨、桦皮船等木制品的工具。

木工工具

鄂温克族　内蒙古自治区根河市敖鲁古雅鄂温克族乡　通长24.5厘米　木、铁质　敖鲁古雅鄂温克族驯鹿文化博物馆藏

鄂温克语称"秋克伊乌恩"，为制作鹿哨、桦皮船等木制品的工具。

其他

木工工具

木工工具

鄂温克族　内蒙古自治区根河市敖鲁古雅鄂温克族乡
通长12厘米　通宽4厘米　木、铁质等　敖鲁古雅鄂温克族驯鹿文化博物馆藏

用于制作鹿哨、桦皮船等木制品。

手钻

鄂温克族　内蒙古自治区根河市敖鲁古雅鄂温克族乡
通长23厘米　通宽3厘米　木、铁质等　敖鲁古雅鄂温克族驯鹿文化博物馆藏

为鄂温克族传统木工工具，用于制作桦皮船、鹿哨等木制用具。

乐　器

鹿角乐器

埃文基人　俄罗斯赤塔州　长40厘米
宽15厘米　驯鹿角、鹿蹄匣质

用手摇晃而发出声响，埃文基人进行聚会歌唱时伴奏、打拍子所用。

其他

乐 器

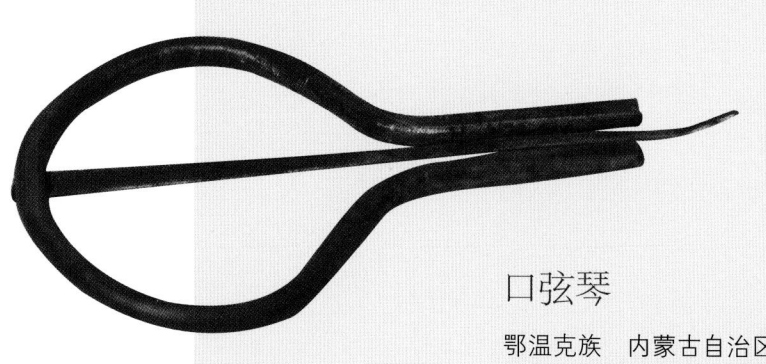

口弦琴

鄂温克族　内蒙古自治区根河市敖鲁古雅鄂温克族乡　通长9厘米　通宽5.5厘米　铁质　敖鲁古雅鄂温克族驯鹿文化博物馆藏

鄂温克语称"崩尤克",意为铁的声音,是一种簧片乐器,为鄂温克族传统乐器。

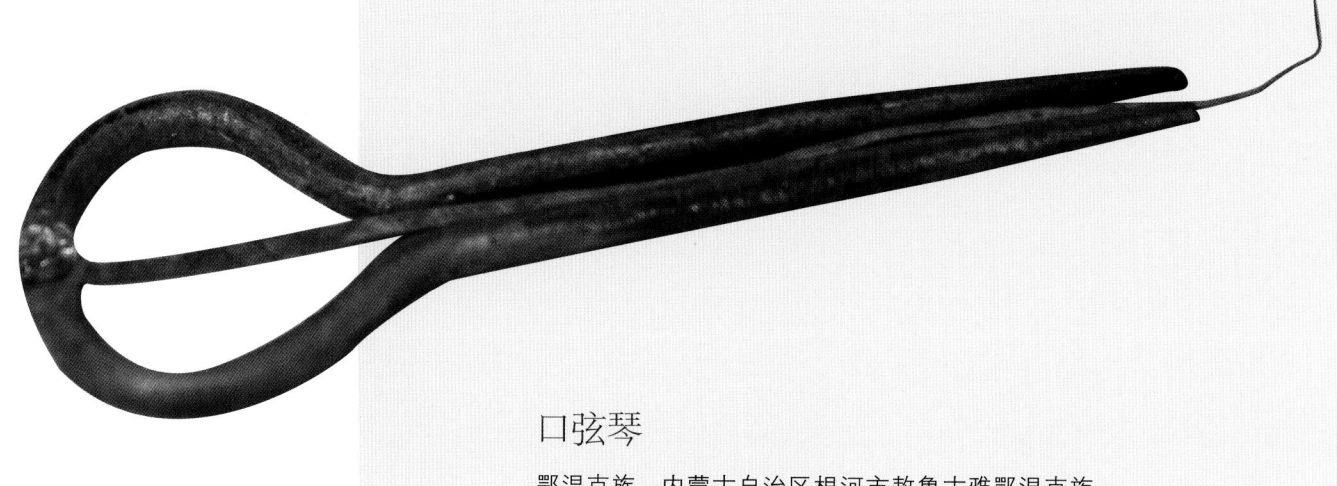

口弦琴

鄂温克族　内蒙古自治区根河市敖鲁古雅鄂温克族乡　通长9.5厘米　通宽3.3厘米　铁质　敖鲁古雅鄂温克族驯鹿文化博物馆藏

鄂温克语称"崩尤克",意为铁的声音,是一种簧片乐器,为鄂温克族传统乐器。

套鹿绳

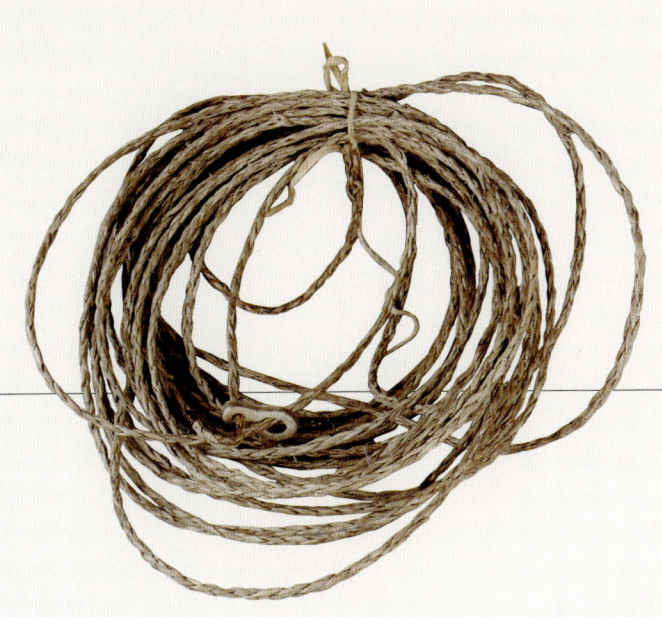

套鹿皮绳

埃文基人　俄罗斯雅库特共和国
驯鹿皮质

主要用于套驯鹿，为驯鹿养殖的重要用具之一。

套鹿皮绳

埃文基人　俄罗斯雅库特共和国　驯鹿皮质

一般用于套驯鹿，是饲养驯鹿的重要工具之一。

其他

套鹿绳

套鹿皮绳

埃文基人　俄罗斯雅库特共和国
驯鹿皮质

一般用于套驯鹿，是饲养驯鹿的重要工具之一。

套鹿皮绳

埃文基人　俄罗斯阿穆尔州乌斯其纽可让　驯鹿皮质

驯鹿皮搓制而成，是饲养驯鹿的重要工具。

其 他

斧刃夹板

埃文基人　俄罗斯阿穆尔州乌斯其纽可让
长17厘米　宽3厘米　厚2厘米　木质

主要用于隔挡和保护斧刃。

其 他

其 他

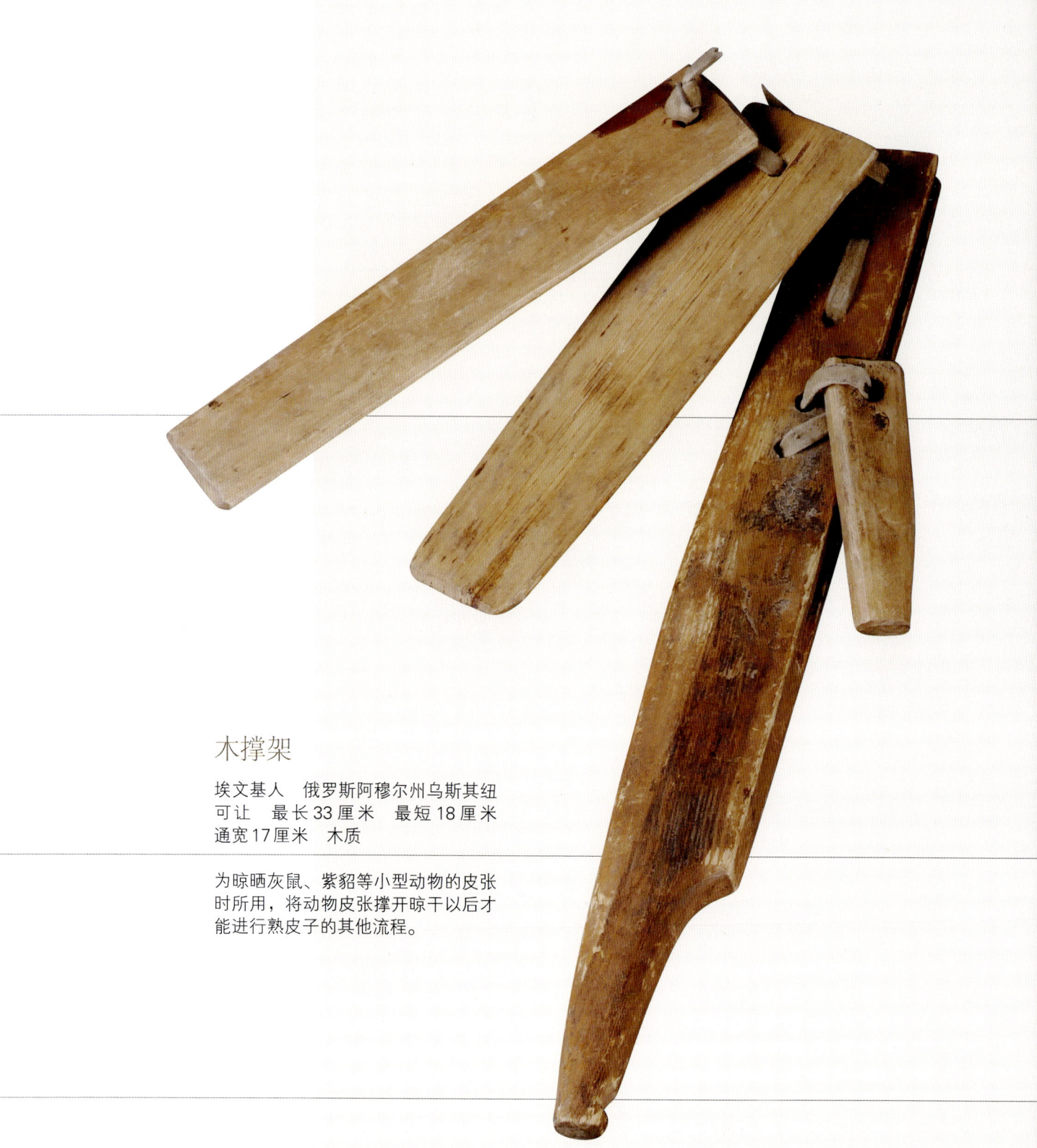

木撑架

埃文基人　俄罗斯阿穆尔州乌斯其纽可让　最长33厘米　最短18厘米　通宽17厘米　木质

为晾晒灰鼠、紫貂等小型动物的皮张时所用,将动物皮张撑开晾干以后才能进行熟皮子的其他流程。

木碗

鄂温克族　内蒙古自治区根河市敖鲁古雅鄂温克族乡　口径10厘米　通高5厘米　木质　敖鲁古雅鄂温克族驯鹿文化博物馆藏

鄂温克语称"达什克",利用天然树木节子雕刻而成。

工具盒

鄂温克族　内蒙古自治区根河市敖鲁古雅鄂温克族乡　通长38厘米　通宽12厘米　通高8厘米　木质　敖鲁古雅鄂温克族驯鹿文化博物馆藏

鄂温克语称"阿霍",用于放置剪刀、锥子等尖锐的生活用具。

其 他

制作子弹工具

鄂温克族　内蒙古自治区根河市敖鲁古雅鄂温克族乡
通长16厘米　通宽10厘米　通高9.5厘米　驼鹿骨、
铁、木质等　敖鲁古雅鄂温克族驯鹿文化博物馆藏

用于制作子弹，压制引火冒。

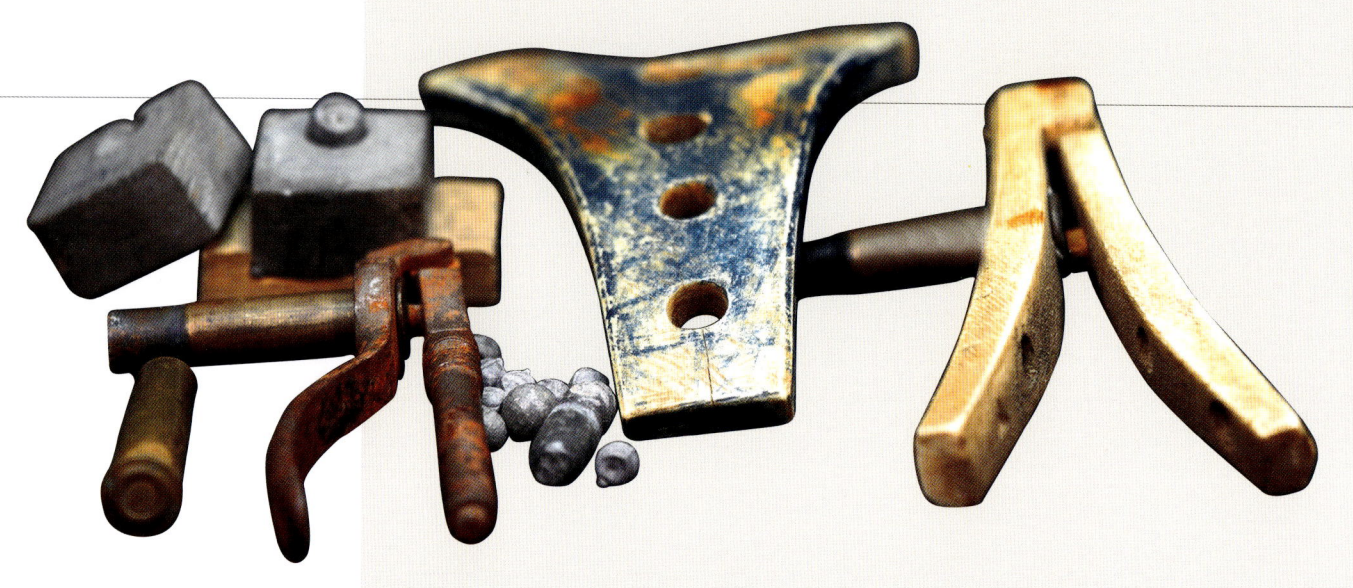

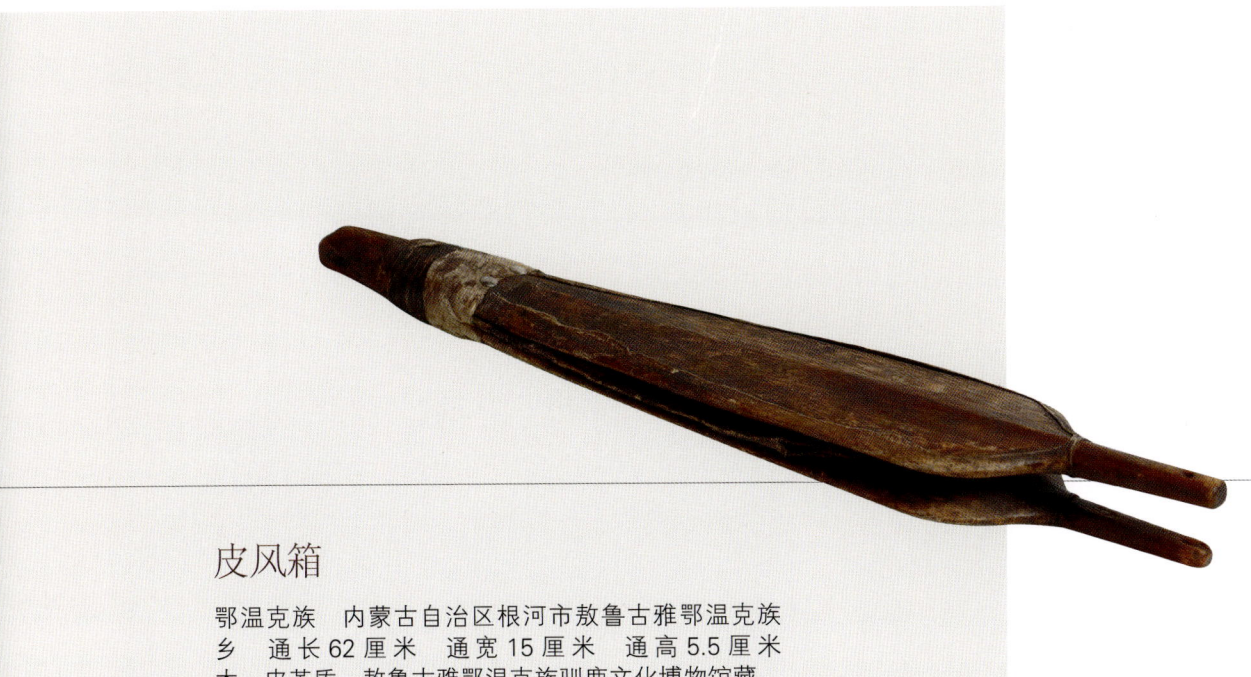

皮风箱

鄂温克族　内蒙古自治区根河市敖鲁古雅鄂温克族乡　通长62厘米　通宽15厘米　通高5.5厘米　木、皮革质　敖鲁古雅鄂温克族驯鹿文化博物馆藏

鄂温克语称"库鲁克"，猎民打制猎刀等铁制工具时使用。

桦皮船

鄂温克族　内蒙古自治区根河市敖鲁古雅鄂温克族乡　通长300厘米　通宽20厘米　通高45厘米　桦树皮质等　敖鲁古雅鄂温克族驯鹿文化博物馆藏

鄂温克语"佳乌"，作为交通运输工具，用于捕鱼打猎等。

其他

其 他

撮罗子

鄂温克族　内蒙古自治区根河市敖鲁古雅鄂温克族乡　底部直径350厘米　通高300厘米　木、桦树皮质　敖鲁古雅鄂温克族驯鹿文化博物馆藏

为鄂温克族传统民居，桦树皮围子，一般夏季使用。

桦皮围子

鄂温克族　内蒙古自治区根河市敖鲁古雅鄂温克族乡　通长320厘米　通宽58厘米　桦树皮质　敖鲁古雅鄂温克族驯鹿文化博物馆藏

用兽筋和线缝制，夏季搭建撮罗子时使用。

火镰

鄂温克族　内蒙古自治区根河市敖鲁古雅鄂温克族乡　通长7厘米　通宽5厘米　铁、皮革质等　敖鲁古雅鄂温克族驯鹿文化博物馆藏

鄂温克语称"钢地"，一种取火器物，与火石撞击能产生火星而得名。

烤盘

鄂温克族　内蒙古自治区根河市敖鲁古雅鄂温克族乡　口部直径26厘米　通高3厘米　烤夹长27厘米　宽2厘米　铁质　敖鲁古雅鄂温克族驯鹿文化博物馆藏

鄂温克语称"达了噶温"，为猎民烤制面食所用的烤盘。

其 他

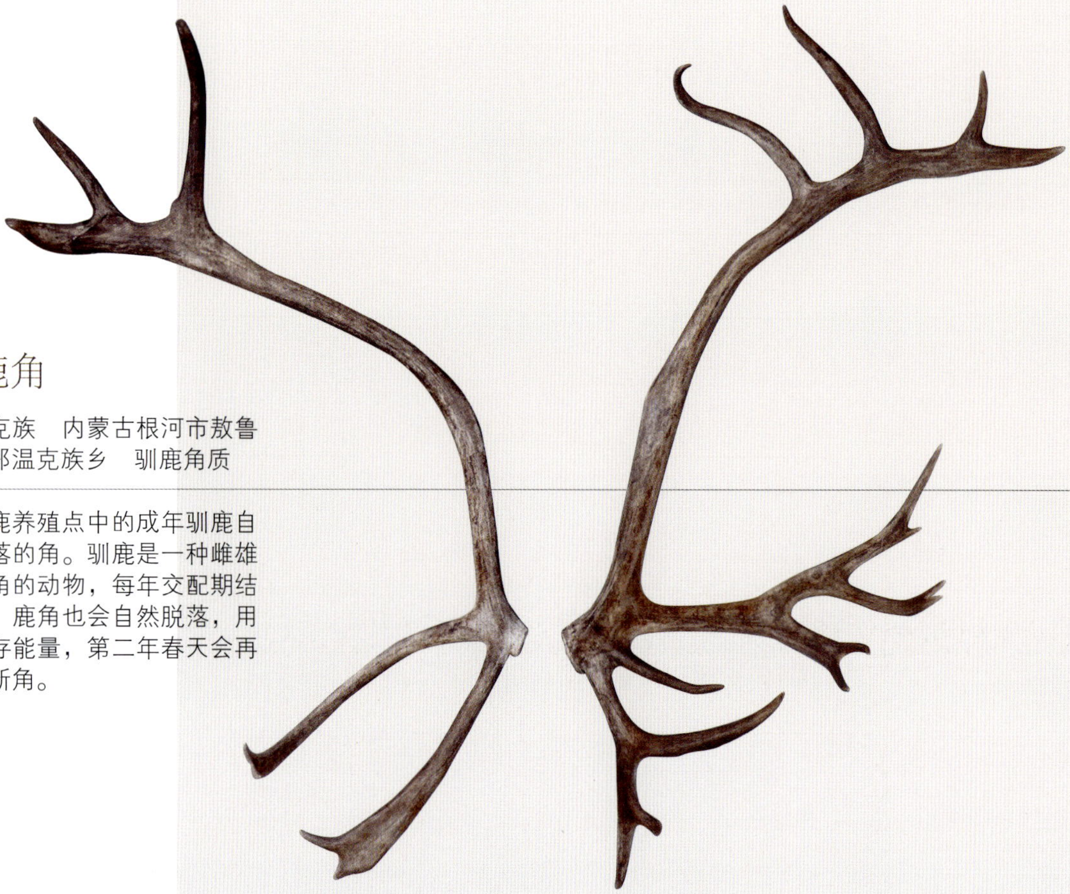

其 他

驯鹿角

鄂温克族　内蒙古根河市敖鲁古雅鄂温克族乡　驯鹿角质

为驯鹿养殖点中的成年驯鹿自然脱落的角。驯鹿是一种雌雄都长角的动物，每年交配期结束后，鹿角也会自然脱落，用来保存能量，第二年春天会再长出新角。

儿童玩具

鄂温克族　内蒙古自治区根河市敖鲁古雅鄂温克族乡　通长8厘米　通宽2厘米　通高1.6厘米　木质　敖鲁古雅鄂温克族驯鹿文化博物馆藏

由杨树制作的儿童玩具。

彩杖

鄂温克族　内蒙古自治区根河市敖鲁古雅鄂温克族乡　长135厘米　通宽4厘米　木质　敖鲁古雅鄂温克族驯鹿文化博物馆藏

为鄂温克族传统婚礼道具。

鹿绊

鄂温克族　内蒙古自治区根河市敖鲁古雅鄂温克族乡　长20厘米　宽12厘米　木、驯鹿皮质等　敖鲁古雅鄂温克族驯鹿文化博物馆藏

为饲养驯鹿的用具。

我们的故乡在北极星的下面

北中国，与驯鹿同行的鄂温克

内蒙古自治区社会科学院　研究员　白　兰

北中国，与驯鹿同行的鄂温克，这是狭义的地域和族群概念。事实上，与驯鹿同行的民族共有23个，分布在泛北极地区9个国家。难怪他们说，我们的故乡是在北极星和北斗星的下面。

一、鄂温克人说，我们的故乡是在北极星的下面

站在北纬52°的北中国，再向更北方眺望时，沿着兴安岭我们的目光就到了泛北极地区广袤的苔原地带，这里的冻土层最大厚度有100米以上，在我们的脚下也已经达到了几十米，从典型的北极苔原南界树木线针叶林带的分布看，这里的确是泛北极地区的最南端。

这里迷人的风景犹如童话世界，这里有中国最典型的泰加林区，这里是中国平均气温最低的地方，这里是中国唯一的驯鹿生长地，这里是使鹿鄂温克人的家园。

使鹿鄂温克以"斜仁柱"为家，打猎、饲养驯鹿为生，生活简单淳朴，几乎与世隔绝。400多年前，使鹿鄂温克人来自更加寒冷的西伯利亚勒拿河上游的泰加林高地，跨过额尔古纳河来到大兴安岭西北麓阿尔巴吉河、克坡河、洛乔普河一带打猎[1]。他们信奉萨满教，由于与俄罗斯人接触，他们还以自己的方式接受了东正教。传统生活中，鄂温克人恪守有物共享、平均分配的习

---

[1] 习惯上，鄂温克猎民的狩猎区是以"乌力楞"（也称"古如普"）为单位，按自然河流形成的。1957年，鄂温克猎民告诉东北内蒙古少数民族社会历史调查组：靠近额尔古纳河的是马卡拉猎区，其南是结力古恩猎区，其东是乌力吉其猎区；乌力吉其猎区的东北是阿巴河猎区，东南是扎不鹿加什克猎区。

惯。他们的生活与森林紧密相依，他们的一切都来自于森林的恩赐，所以他们非常明白不可"竭泽而渔"的道理，而事实上他们的需求也并不多。

传说，使鹿鄂温克在勒拿河时代共有12个氏族，12位萨满，每个氏族都有酋长。迁来时，有布利托天氏族、卡尔他昆氏族、索罗共氏族和给力克氏族，共75户700多人。400多年前迁移到这里时，索罗共氏族游猎在阿尔巴吉河、洛乔普河之间，卡尔他昆和布利托天氏族的多凌尼河和克坡河一带打猎。当时，这四个氏族有一个最高的部落酋长，每个氏族下面又有若干个"乌力楞"的族长领导狩猎。到了100多年前，这四个氏族分为三部分进行狩猎。一部分是索罗共氏族和给力克氏族，游猎于漠河一带；一部分是布利托天氏族的一支和卡尔他昆氏族，游猎于杜林河、克坡河之间；一部分是布利托天氏族的另一支，游猎于贝尔茨河、阿巴河之间。经过一个时期，大部分鄂温克猎民都迁到了野兽较多的贝尔茨河流域。这时，基本上分为两部分：一部分是留在漠河一带狩猎的索罗共氏族和新迁来的索罗拖斯氏族,另一部分是迁到贝尔茨河流域的布利托天氏族、卡尔他昆氏族、给力克氏族和新分化出来的固德林氏族。

林海雪原造就了鄂温克人坚毅、刚烈的性格,直面大自然的生活造就了他们的文化理念是敬畏自然、崇尚自然。

他们几乎每个人都能够高歌几首,由于鄂温克人与森林、与驯鹿的天然关系,歌词大多反映了山林、河流、绿草、鲜花、驯鹿。这是一首使鹿部落传唱的一首歌:

白雪融化的时候 / 小溪流满的时候 / 布谷鸟欢叫的时候 / 太阳她睁开了双眼

松树吐绿的时候 / 鱼儿畅游的时候 / 小鹿崽奔跑的时候 / 太阳她露出了笑脸

在他们的传说中,太阳是一位年轻、漂亮、勤奋的姑娘,当太阳姑娘露出笑脸的时候,春天就来到了鄂温克人的身边,雪融化了、布谷鸟叫了、鹿崽在奔跑。初升的太阳是美丽的化身,是普照万物生长的源泉,鄂温克人还用母爱来赞美她的无私,他们每天都在为万物平安而祝愿,希望得到太阳姑娘的保佑。

没有比这里更靠近地球的北方

了。千百年来，这些饲养驯鹿的民族就在这里生活。据考证，人类对驯鹿的驯养始于青铜器时代。岩画中，西伯利亚地区的驯鹿饲养者就曾以驯鹿作为交通工具。驯鹿养殖业历代传承，在极地地区[1]的社会经济中扮演着重要的角色，是在荒芜的极地地区的一种持续发展的生产方式，驯鹿皮毛和肉类加工出售是重要的经济来源[2]。今天，驯鹿养殖业面临着经济全球化、牧场缩小和极地开发、变暖等问题的挑战[3]。

目前，世界上驯养的驯鹿总头数约200万头，其中三分之二集中在俄罗斯，三分之一分布在北欧斯堪的纳维亚半岛各国——拉普人（只有一个民族）从事驯鹿饲养业，在北美(主要在阿拉斯加)不足1.5%；千分之一是亚洲的蒙古国查族腾[4]和中国的使鹿鄂温克部落。在俄罗斯，驯鹿分布在320万平方公里的苔原、森林苔原、原始森林和山区地带；在中国，1957年，东北内蒙古少数民族社会历史调查组鄂温克分组田野调查时，使鹿鄂温克在贝尔茨河流域的5个猎区游猎和牧放驯鹿，地理坐标为——在北纬51°以北，53°以南，以52°为中心，东经122°以西，

---

[1] 这一地区在近几年得到其他产业的极大关注，如石油和天然气产业。
[2] 驯鹿肉在北欧国家非常受欢迎，被制成肉丸罐头销售，煎驯鹿肉是拉普兰地区最有名的菜肴。在阿拉斯加，驯鹿腊肠在超市和杂货店均有销售。在亚洲市场，研成粉末的驯鹿角被作为一种壮阳滋补品或是药品成分出售。英国威尔士的一家公司还利用从驯鹿粪便中提取复原的纤维进行造纸。
[3] 在中国和国际范围的北极监测项目中，如何与全世界的驯鹿养殖者进行合作，发挥驯鹿养殖者本身的作用，将他们的传统知识和技术、驯鹿放牧经验、对牧场的保护和管理方法吸收进来，并与他们共同探讨应对这些挑战的实际办法，这是要向每个国家政府提出的建议。
[4] 查腾族全部居住在蒙古国库苏古尔省地区，总计只有300多人，大约40户人家。据统计，蒙古国驯鹿的数量从20世纪70年代的2000多头已减少到现在的大约1000头。

120°以东针叶林、针阔混交林为主的寒温地带地区。

驯鹿在鄂温克语中为"奥润（o_ron）"。在它野生时称为"索格召（so_ge_zuo）"。多年来，使鹿鄂温克部落的驯鹿数量一直保持在1000头上下，处于半野生状态。

中国驯鹿应属西伯利亚森林驯鹿亚种（是国家二级珍稀保护动物），多群栖，以苔藓、地衣等低等植物为食，随着季节变化也吃树木的枝条、嫩芽、嫩青草和蘑菇等。新中国成立以来，党和政府为了改善鄂温克猎民的生活条件，进行了几次迁移，而驯鹿如今随着养鹿者的足迹，来到了内蒙古根河市周边的森林地区。

据考证，驯鹿[1]有9个亚种，是体型中等大的一种鹿，体重100~200公斤，无论雌雄都长角。食量和觅食范围都很大，在任何季节，它们都是一边走一边在吃。驯鹿的角扁平，从脖子上方先向背后弯曲然后再伸向前方，角的分枝复杂，有的甚至有20个叉。驯鹿的皮毛厚重，颜色从白到褐，冬季皮毛浓密细长，绒毛既柔软又卷曲。鹿头长而直，嘴粗，唇发达；眼较大，眼眶突出；鼻孔大、长有短绒毛；耳较短似马耳；额凹；颈长且粗，下面垂着很长的赘肉；肩稍隆起，站立高度为1米多；背腰平直，体长大约1.8~2米；尾短；蹄子似牛蹄，中央裂隙很深，在雪地上或苔原（沼泽）地上奔跑时，借助大前蹄的支持，每小时能够奔跑50~65公里，还能每

---

[1] 驯鹿，列入《世界自然保护联盟》（IUCN）ver 3.1：2008年哺乳纲红色名录。列入《中国濒危动物红皮书》，等级易危，1996年生效。列入中国国家林业局2000年8月1日发布的《国家保护的有益的或者有重要经济、科学研究价值的陆生野生动物名录》。

小时游水7~9公里。驯鹿的最惊人之处，是顽强的耐寒能力，用蹄子刨出厚而坚实的雪覆盖下的苔藓等地衣类食物，以及在没膝的雪地、冰上、泥泞的沼泽地上行走奔跑自如的本领。

各地区、各民族的驯鹿情况，饲养情况略有不同。

在中国，或者在俄罗斯，或者在芬兰、挪威、瑞典，抑或在加拿大的驯鹿民族的生活区，每到夜晚，你头上最明显的标志一定是无处不在的北极星。在壮丽的天空中，它们像指路灯塔，是人们最熟悉的星星朋友。

二、使鹿鄂温克人应该得到尊敬，他们以顽强的生命力在远离北极驯鹿生物圈的大兴安岭保存了生物的驯鹿和文化的驯鹿

敖鲁古雅，位于呼伦贝尔草原和大兴安岭的交会处，使鹿鄂温克人就生活在根河市敖鲁古雅鄂温克民族乡。鄂温克族是全乡的8个少数民族之一，目前共有人口233人，占全乡人口的16.8%，其中鄂温克猎民共计62户154人[1]，从事着传统的驯鹿放养工作。他们是中国唯一饲养驯鹿的民族，2014年驯鹿约800余头。

2014年山上有6个猎民点，共10户22人在猎民点牧养驯鹿（不过，这个人数和户数可能每年都有变化）。需要说明的是，有鹿的猎民大约有25户70人，分散在离根河市最远为270公

---

[1] 据2010年全国第六次人口普查数据，全国鄂温克族人口30875人，内蒙古26139人，黑龙江2648人。

里，最近为50公里的广大林区。但是，大部分有鹿的猎民不常年在猎民点。

2008年6月，敖鲁古雅的鄂温克使鹿部落正式加入国际驯鹿养殖者协会，从此中国驯鹿养殖业正式与世界接轨，在驯鹿项目规划、养殖技术等方面同其他会员实现资源共享。2009年4月，他们派代表参加了在挪威召开的"国际驯鹿养殖者（协会）大会"；2013年7月，在中国根河召开了第五届世界驯鹿养殖大会[1]，来自俄罗斯、挪威、瑞典、芬兰等9个国家的驯鹿养殖者代表、受邀嘉宾及新华社、中央电视台等媒体记者共300余人参会。

目前，世界上有9个国家23个民族饲养驯鹿。

所有泛北极地区原住民的文化传统都非常相似，从数千年前几乎一成不变地延续到20世纪。他们是地球上生活条件最艰苦的民族，严寒、暴风雪及食物匮乏常常直接威胁到生命。但他们又是世界上最乐天安命、和平善良的人。他们终年跟着鹿群奔波迁居，在驯鹿狩猎民聚居的地方，生活带有"原始公有制"色彩。男人崇尚渔猎本领，具有强烈的养育和保护整个部族的责任感，真诚地认为猎获物应当平等地归于所有同类。他们最大的耻辱莫过于因为自私或不道德的行

---

[1] 2013年在中国根河召开的第五届世界驯鹿养殖者大会，有来自俄罗斯、挪威、瑞典、芬兰等9个国家的驯鹿养殖者代表以及丹麦、蒙古、哈萨克斯坦等国家的使馆官员，中国社会科学院、内蒙古社会科学院、中国极地研究所等中国的专家学者参加了会议。此次大会的主题是"人·驯鹿·自然——可持续发展"。"世界驯鹿养殖者协会"属于会员制非政府组织，该组织1997年在挪威成立，包括俄罗斯、挪威、瑞典、芬兰等成员国，其主要宗旨是促进世界范围内养殖驯鹿的民族之间在专业、文化和经济社会方面的交流，加强国际间驯鹿养殖者合作，促进驯鹿产业发展。

为被部族排斥于社会生活之外。他们对儿童格外地宠爱,对老人极其地尊敬。

由于矿产资源、能源、林业的开发,泛北极地区戏剧化地迅速繁荣起来。现在全球使用驯鹿的人大约只有100多万人,但进入这一地区的外来者却已经超过1000多万人,而且还在增加。新兴城镇拔地而起,这使古老的传统文化几乎淹没于当代文明之中。面对远道而来的陌生人,淳朴的驯鹿狩猎民几乎茫然不知所措。现在,他们的许多人放弃了渔猎和牧养驯鹿,专门加工毛皮、手工艺品等向他人换取工业品。有时,他们会因为自己的文化不被重视而感到无可奈何。但是不管怎么说,他们的生活今非昔比,已经相当现代化了。这些民族在几十年的时间里,从原始的传统生活一跃而进入了现代文明,其速度之快和变化之大不能不说是一个"奇"字!而巨大的文化反差打乱了他们的心理平衡,人生和前途缺失了固有的支点。

我国境内的驯鹿鄂温克人曾经历过搬迁。第一次是奇乾,第二次是满归,第三次是敖鲁古雅,第四次是根河附近的西乌尼契——被当地人称为"三车间"的地方[①]。第一次搬迁是由于中

---

① "敖鲁古雅"意为"杨树林茂密的地方","西乌尼契"是"阳光照耀的地方","三车间"是1960年代学习苏联而起的名字,曾经是根河林业局的三林场。后来林场撤了,建有车间的地方早已荒芜,2003年,根河市政府决定在这里新建"敖鲁古雅鄂温克民族乡"。

苏关系的政治因素,奇乾在中苏界河额尔古纳河边;第二次和第三次搬迁是由于猎场的选择;第四次搬迁则是因为"生态"的缘故。

在改善民生、文化保护方面,根河市投入大量人力、财力,新建62户住屋①;2003—2008年,改扩建博物馆、学校、广场;敖鲁古雅鄂温克驯鹿习俗、桦树皮手工制作技艺、敖鲁古雅鄂温克族萨满舞被列入国家级非物质文化遗产保护名录;年年举办使鹿部落文化节,进行驯鹿评比、搭建撮罗子比赛、萨满舞表演等。同时,根河市、敖鲁古雅鄂温克族乡都在大力打造旅游产业,旅游正在成为使鹿鄂温克猎民收入的支点。最早由政府扶持的旅游点是古革军的"使鹿部落",政府的投资已经超过200万元。目前看,猎民点中冬霞猎民点是最早自主开始旅游活动的,年收入已达20万元;玛利亚·索在女儿的安排下,在莫尔道嘎林业局的扶持下,2014年开始也参与到旅游中,据调查收入更是可观;目前,只有两个猎民点——达玛拉猎民点和达瓦猎民

---

① 在2003年"生态移民"中,根河市申请国家投资1677万元,新建猎民住屋31栋62户,1个敬老院、乡办公楼、小学楼、博物馆、锅炉房。2008年,政府对猎民住房实施改造,面积由50平方米提高到88平方米,猎民住上了欧式风格的"小洋楼"。根据搬迁当日报道(记者巴特王西华):猎民搬进配有现代生活设施的62户(其中2户领到新房钥匙后尚未入住)新住宅,占地1.68万平方米的48间鹿舍也已投入使用。

点没有介入旅游。

　　冷静而理性地看，随着时代发展、科学技术的引进，传统已经削弱了对生产的价值和自主权。现代生态学证明，人类只不过是复杂的自然系统中的一个子系统，虽然拥有无与伦比的能动性，但是人不可能超脱自然生态关系的制约。联合国教科文组织曾提出这样的见解：若想取得保护生物生态多样性的成功，不可离开对文化多样性的保护。鄂温克人以与自然融为一体的生存方式，为世界保留了富饶的兴安岭，他们比生活在大都市的我们了解大自然，比我们更懂得如何与大自然和谐共处。每个文化有每个文化的独特基因，有着与自然环境磨合了千百年的形成过程。文化智慧、生存智慧，我们不能任其消失。今天，面对渐渐远去的鹿群的回望和铭记，太多使用着科技的人类，难道不能感受到一种深切的叮咛吗？

　　遥远的敖鲁古雅猎人们的身影在历史的风尘里和在城市的回忆里越来越模糊。但是，他们发生在现代生活中的故事却非常需要回味。文化是最好的名片，它让敖鲁古雅声名远播，也让鄂温克猎民对自己的民族文化充满自豪感。在地理分布上，驯鹿属于北极圈生物，鄂温克人摸索出了一套适应大兴安岭气候、食物条件、温度、湿度等自然特点的养护驯鹿的方法，使驯鹿在远离北极苔原地区的地方得以存活，这是历史的骄傲，也是大自然的骄傲。使鹿鄂温克人应该得到尊敬，他们以顽强的生命力在远离北极驯鹿生物圈的大兴安岭保存了生物的驯鹿和文化的驯鹿。在鄂温克人眼里，驯鹿文化、狩猎文化不仅能帮助他们生活的地区保持正常的生态平衡，而且孕育出了耐心，对自然的尊重、勇敢等传统精神。

这是笔者在2009年写下的文字：大兴安岭森林没有了孤独的使鹿鄂温克人和他们的驯鹿点缀，便是寂寥的，悠远、沉默、苍茫，鄂温克人和驯鹿仿佛倾诉着尘封历史从时光深处传来的低语。不知道是大兴安岭幸运地拥有了使鹿鄂温克人，还是使鹿鄂温克人幸运地拥有了大兴安岭。

后记

　　驯鹿文化是人类文明的组成部分。《中国少数民族文物图典·中国民族博物馆东北亚驯鹿民族文化卷》是中国民族博物馆近年来开展东北亚泛北极圈驯鹿民族文化调查与文物征集工作的成果汇集，其中包括中国的鄂温克族以及俄罗斯境内的埃文基人、科里亚克人、涅吉达尔人、楚科奇人等驯鹿族群的相关物质文化载体共计300多件/套，以期向读者留下关于东北亚驯鹿民族传统生产生活方式及工业化扩张以来的文化变迁的历史足迹。

　　《中国少数民族文物图典·中国民族博物馆东北亚驯鹿民族文化卷》能够顺利出版，倾注了编委会成员及所有参与者的心血。敖鲁古雅鄂温克族驯鹿文化博物馆提供了其相关馆藏文物资料，丰富了本图典的内容；辽宁民族出版社金顺玉女士及其团队为《中国少数民族文物图典·中国民族博物馆东北亚驯鹿民族文化卷》出版付出了巨大努力！在此我们对所有为本图典的出版付出辛劳的同仁一并表示感谢！

　　因《中国少数民族文物图典·中国民族博物馆东北亚驯鹿民族文化卷》收录的文物数量较多且涉及众多境外民族，表述中难免存在不周密之处，还请广大读者宽宥并不吝指教。

编　者

2015年12月